마음 저 들판, 길을 내고 걷다

마음 저 들판, 길을 내고 걷다
ⓒ 심영희, 2022

초판 1쇄 인쇄 2022년 11월 25일
초판 1쇄 발행 2022년 12월 05일

지은이 심영희
발행인 한상진
일러스트 신진호
디자인 책읽는소리
펴낸곳 중민출판사

출판등록 제2018-000058호
등록일자 2018년 10월 2일
주 소 서울시 관악구 관악로13길 25, 602호(봉천동, 세종오피스텔)
전 화 02.875.8474
E-mail jmpublisher@naver.com

ISBN 979-11-966142-8-7 03810
값 15,800원

이 책의 저작권은 저자에게 있습니다.
서면에 의한 저자의 허락없이 내용의 일부를 인용하거나 발췌하는 것을 금합니다.

마음 저 들판,
길을 내고 걷다

심영희 지음

중민
출판사

| 일러두기 |
각 장 앞에 있는 인용문은 원문(영문과 한문)을 저자가 우리말로 옮긴 것입니다.

책머리에

몹시 아프고 나서 인생이 달라졌다. 먼저 일상이 달라졌다. 모든 일을 그만두고 운동과 걷기만 했다. 그러자 그동안 보이지 않던 것들이 보이기 시작했다. 꽃, 풀, 나무, 하늘과 구름. 그러면서 세상을 보는 눈도 서서히 달라지기 시작했다.

이 책은 나의 이상운동증후군 투병기를 담은 《근육이 마구 떨리는데 마음의 병이라니!》의 후속편이다. 원래 한 권으로 내려고 했으나 글의 분량이 많고 성격도 달라서 따로 묶었다. 손의 마비가 풀리기 시작한 2020년 가을부터 쓰기 시작해서 2022년 여름까지 썼다. 2019년 늦가을, 병이 약간씩 차도를 보이면서 산책을 시작할 수 있었고, 그러면서 보게 된 꽃, 풀, 나무, 하늘과 구름, 그리고 거기에 내 삶의 단편을 붙인 글이다.

누군가 말했다. 글을 쓰려고 하는 것은 해결되지 않은 문제가 있거나, 무언가 마음에 가득 찬 것이 있기 때문이라고.

이상운동증후군을 앓으면서 너무나 힘들고 고통스러워 도대체 왜 이렇게 아프게 되었는지 생각했다. 고통의 뿌리를 찾아 기억을 되살려 보았지만 쉽게 정리되지 않았다. 거기에는 엄중한 역사 현실부터 작게는 내 삶과 인간관계까지 뒤죽박죽 엉킨 아픈 흔적들이 있었다. 하지만 아직 켜켜이 쌓인 해묵은 이야기들까지 다 풀어낼 때는 아닌 것 같다.

그보다는 당장의 내 삶을 자각하게 하는, 매일의 나를 자극하는 생명의 속삭임을 듣고 싶었다. 누군가와 더불어 이 생을 함께하고 있다는, 공존의 그 벅찬 순간을 먼저 만끽하고 싶었다. 이 책은 그런 이야기이다.

내가 걸었던 길들은 손가락으로 꼽을 정도로 몇 군데 되지 않는다. 집에서 그리 멀지도 않고 매일 반복해서 걷는 새로울 것 하나 없는 곳이다. 그런데도 걸을 때마다, 볼 때마다 언제 보았냐는 듯 날마다 새로웠다. 어제의, 며칠 전의 그 느낌이 아니었다.

전에는 봄꽃들을 보아도 자세히 보지 않았고 오래 보지 않았다. 그럴 시간도 마음의 여유도 없었다. 아프고 나니 이제 꽃, 풀, 나무들이 너무나 아름답고 소중하게 다가왔다. 같은 꽃을 보아도, 같은 곳에 가도 늘 새로운 느낌을 받았다. 그 까닭은 아마도 그들을, 그곳을 보는 내 눈이 달라졌기 때문일 것이다.

나는 이상운동증후군이라는 병을 통해서 인생에 대해 되돌아보고 생각할 수 있게 되었다. 그렇다. 나에게는 이제 다른 삶을 살아야겠다는 생각이 꿈틀거리고 있다! 정말 바보같이 느리고 굼뜨게도 이제 와서야 그런 생각이 떠올랐다.

내 안에서 탈바꿈 같은 생각의 전환이 일어났다. 나는 병을 통해 탈바꿈되고 있었다. 아픈 것은 불행한 일이지만 그 불행을 통해 내 인생에 대해 다시 생각해 보고 인생을 바라보는 눈을 바꾸는 계기가 된 것이다. 이것은 어쩌면 이전에 나를 얽매고 있던 어떤 것들에서 벗어나 새로움을 얻는 '해방적 파국'인지도 모르겠다. 나는 글을 쓰면서, 글을 통해 그것을 확인하고 싶었던 것이다.

이 책을 쓸 수 있게 될 때까지 많은 도움을 준 여러 분들이 있다. 우선 나의 치료를 도와준 의료진과 운동치료사, 힘겨운 산책길을 도우며 함께 걸어 준 은영 씨와 요양보호사 인숙 씨에게 감사를 드린다. 매일 맛있고 영양가 있는 음식으로 기력을 보충해 준 민자 이모에게도 감사를 드린다. 내가 이만큼 좋아진 것은 순전히 그분들 덕이다.

나의 딱딱한 글을 감칠맛 나게 다듬어 준 허현자 작가에게도 깊은 감사를 드린다. 또한 여러 가지 조언과 함께 꼼꼼하게 글을 읽어 주고 출판 과정에 도움을 준 중민연구소의 조명옥 국장과 최명지 출판위원도 빠트릴 수 없다.

무엇보다 가족의 따뜻한 사랑과 배려가 나를 일어나게 했던 것 같다. 살갑게 돌봐 주고 즐거움을 준 딸, 아들, 며느리, 그리고 귀여운 손주들에게 고마운 마음이다. 끝으로 하루에도 몇 번씩 이랬다저랬다 기분이 변하는 나에게 늘 지지와 격려를 보내 준 남편 한상진 교수에게 극진한 사랑을 담아 감사의 마음을 전한다.

2022년 가을

심영희

차례

책머리에 5
프롤로그: 내 인생, 리셋 버튼이 눌러지다 12

1장 더듬더듬, 나를 만나러 가는 길

한 걸음에 후회, 두 걸음에 마음 내려놓기 25
걷기에 초대해 준 메타세쿼이아 길 • 시로 속삭이는 힐링, 피천득 길 •
허다한 일들, 허다한 욕심 내려놓기

나는 나답게, 너는 너답게, 우리로 어울리다 37
소쩍새도 울고, 천둥도 울었다는데 • 조화의 아름다움을 일깨워 준 오솔길 •
몽마르뜨 언덕에서 '해냈다'

한낮의 내 그림자는 무엇을 기다릴까 49
은빛 억새, 출렁이는 은물결 • 서래섬, 그곳에 가고 싶다 •
흔적이 상처만 뜻하지는 않기에

괜찮아, 그게 바로 나니까 62
후회도 선물처럼 사랑해야지 • 한강의 모든 것, 구름 위의 산책 •
뙤약볕 흙길을 누군가 걷는다면

2장 우리들, 함께 가는 길

유년의 뜰에서 가져온 온기 77
소꿉친구들과 다시 '소녀시대'로 • 여고 시절 푸릇함은 세월이 가도 •
날 위해 울어 주는 친구가 있다니

어른이 되면 어른의 마음이 필요해 91
귀룽나무 아래서 만난 대학 동창들 • 파리에서 온 다정한 미란 씨 •
여행 친구들과 나눈 소소한 일상

옛 동지들은 오늘도 의연하고 103
평화여성회, 우리들의 그리운 금강산 • 여교수, 녹슬지 않는 시간을 위하여 •
미래를 미리 안다고 해도

지성이 소멸하는 그날까지 115
지적 욕구를 채워 주는 연구 토론 모임 • 코로나 시대에 《페스트》를 읽다 •
들판에 선 여인들의 마음에는

3장 자연의 속삭임, 활짝 핀 생명의 길

겨울을 이겨 낸 저 봄꽃들처럼 131
그야말로 벚꽃 엔딩 • 저렇게 많은 꽃들 속에서 •
그 꽃그늘 아래서는 황제라도 눈물이었으리

세상 그 무엇도 홀로이지 않듯이 141
새끼 오리와 징검다리 앞의 풍경 • 나에게만 열리는 시크릿 가든 •
강가의 미루나무 실루엣

모든 꽃이 예쁘다, 너도 그렇다 152

계절의 여왕, 꽃의 여왕 • 수요일엔 빨간 장미를 •
자세히 보고, 오래 보고

꽃등 하나 밝히며 기다리는 마음 162

지나가는 꽃, 다가오는 꽃 • 보랏빛 희망, 도라지꽃 •
야생화, 내 이름을 불러 주세요

4장 마음 저 들판, 길을 내고 걷다

꺾어진 꽃을 길에서 줍다 177

물이 좋으니, 물꽃같이 살리라 • 향기, 고결, 맑음, 그리고 깨끗함 •
꽃 그리는 마음은 깊은데

마지막 꽃들이 더 소중하네 186

들에 핀 꽃들은 어디로 가나 • 마음 한가로이 석양을 보네 •
자신의 반영反影을 마주한다는 것

가득함은 빈 것이 되고, 빈 것은 가득함이 되네 197

순간에서 영원으로 가는 마법 • 느리게 사는 삶, 한가한 사람의 시간 •
인생의 새옹지마, 몸이 아픈 것의 사회하저 외미 •
치유의 길에서 나를 만나다

에필로그: 나의 산티아고 길을 위하여 211

프롤로그

내 인생, 리셋 버튼이 눌러지다

어쩌면 살면서 누구나 한 번은 닥친다는 그 '큰일'이었을까? 2019년 5월 29일. 나는 기능성 이상운동증후군FMD, Functional Movement Disorder이라는 최종 진단을 받았다. 근육이 떨리고 딱딱하게 굳더니 나중에는 마비까지 되는 등 몸에 비정상적 운동이 일어났다. 그런데 딱 부러진 병명도 아닌, 증상이 단일하지 않고 그 원인이 불분명할 때 쓰이는 용어인 '증후군'이라는 병을 얻은 것이다.

되돌아보니 진단을 받기 한두 해 전부터 미세하게 턱이나 머리가 떨리는 증세가 있었다. 평소 건강하다고 생각했기에 크게 신경 쓰지 않았을 뿐이다. 그러다 점점 떨림이 눈에 띌 정도가 되어서야 조금 걱정이 들어 건강검진도 하고 전문적인 정밀한 검사도 했지만 몸에 특별한 이상은 없다는 결과가 나왔다. 여전히 몸은 조금씩 떨리고 있었지만 나름 병원의 확인도 받았으니 별 문제는 없으리라고 생각했다.

그러는 중, 2019년이 시작되자마자 2, 3월 국내외를 오가며 학술행사 참여, 해외 석학 초청, 출간 준비 등 쉴 틈 없이 많은 일을 치렀다. 거의 매일 밤을 새워 가며 피곤함 속에서도 일을 해냈는데, 5월 중순부터는 체력이 바닥나면서 근육 떨림이 잦아졌다. 이제는 마구 떨렸다. 또 덥지도 않은데 가만히 있어도 옷이 축축해질 정도로 땀이 났다.

난생처음 목과 등 근육이 내 의지와는 상관없이 움찔거리며 자기들끼리 이쪽저쪽으로 씰룩거리며 잡아당기는 느낌, 멈추고 싶어도 멈춰지지 않는 경직과 떨림에 나는 속수무책이었다. 계속되는 근육 떨림과 경직으로 잠을 자기 어렵고 불면에 시달리는 날이 많아졌다. 나는 이게 무슨 큰 병은 아닌가 싶어 덜컥 겁이 났다. 그래서 백방으로 알아보다 신경과 진료를 받고는 며칠 입원까지 해서 뇌 MRI, MRA부터 뇌파 검사 등 많은 검사를 받았다.

그런데 의사는 온갖 검사의 결과에 의해 구조적으로 내 몸에는 아무 문제가 없으며, 다만 기능적으로 이상운동이 일어나는 것이라고 했다. 원인은 아마도 스트레스 때문인 것 같다는 것이다. 일종의 심인성心因性, 즉 마음의 병으로, 이상운동증후군이라는 병명도 최근에 정해졌다고 했다. 그러고는 아직 연구가 별로 안 되어 있어 특정한 치료제도 없다며 물리치료 분야의 전문 의료진을 소개해 주었다.

퇴원 후 곧바로, 유일하게 이상운동증후군과 관련하여 물리치료를 하는 분이 있다는 D 병원으로 갔다. 그런데 내가 기대했던 물리치료는 연구용으로만 하고 있고 상업용으로는 하지 않는다고 했다. 요가나 명상이 도움 될 수 있다고 추천해 주었다. 그러면서 심인성 병에 쓰는 신경안정제이자 근육이완제를 처방해 주었다.

답답하기는 했지만 이후 한동안 처방된 약을 먹으며 그런대로 지낼 수 있었다. 하지만 6월 들어서는 급속하게 상태가 나빠지기 시작했다.

내가 점점 더 아프기 시작하자 가족들은 나한테 좋다는 것은 뭐든 해 보려고 했다. 함께 명상과 요가를 했고, 목과 등 근육이 경직되고 딱딱해지자 지압과 안마까지 받게 했다. 하지만 이런 노력들은 비자발적 운동을 제어하기는커녕 나중에 몸을 더 괴롭게 만드는 반작용을 불러왔다.

엎친 데 덮친다고, 약을 먹어도 불면증이 점점 심해졌다. 목과 등 근육이 딱딱하게 굳어 저절로 움찔움찔 잡아당기고 어떤 때는 와들와들 떨렸다.

***

  7, 8월 무더위가 기승을 부리자 목과 등 근육의 떨림은 고삐 풀린 망아지처럼 더욱 날뛰었다. 곧 목, 입, 혀, 턱이 굳기 시작하고 손가락까지 마비가 와서 식사, 물 마시기, 샤워, 양치질 등의 일상생활까지 힘들게 되었다. 어린애처럼 떠먹여 주는 음식을 받아먹고, 몸을 씻고 닦는 일조차 혼자 못하게 된 것이다. 한밤중에 목과 등이 심하게 떨리며 숨이 콱콱 막혀 올 때는 '내 인생은 이제 끝났구나.'라는 생각까지 들었다.

  상태가 점점 악화되자 의료진은 또 다른 병인이 있는지 찾아보자고 했다. 헌팅턴 유전자 검사와 뇌척수액 검사 같은 유전적인 검사까지 했지만 이번에도 아무 문제가 없다는 결과가 나왔다. 갈수록 암담해졌다.

  그러다 우연히 어떤 분을 통해 바태 스튜디오를 알게 되었다. 뼈를 맞춰 몸을 바르게 하여 신체 기능을 정상화시킨다는 원리에서 추나요법과도 연관이 있는 운동치료소였다. 지푸라기라도 잡고 싶은 절박함에서 시작했는데, 나는 이곳에서 호흡을 완전히 새로 배우고, 걷기를 다시 연습하고, 몸과 팔의 긴장을 푸는 스트레칭 동작을 매일 반복했다.

  그러자 뭉쳐 있던 속근육이 조금씩 풀리며 뭔가 달라지기 시작했다. 몇 달 동안 대부분 누워만 있다가 운동치료를 시작하고부터는 잠깐이라도 가족들의 도움을 받아 산보를 나갈 수 있게 되었다. 걷기의 마법이 시작된 것이다.

그동안 남편은 틈만 나면 같이 걷자고 권유했다. 나는 마음도 몸도 편치 않아 애써 외면해 왔었다. 어쩌다 마지못해 밖에 나가도 남편이 나보다 더 힘든 자세로 내 두 팔을 받쳐 줘야 겨우 걸을 수 있었다. 그런데 변화가 생겼다.

"아, 시원해. 살 것 같아!"

1층 출입구에서 겨우 몇 걸음 더 나간 앞뜰정원이었지만 나가면 기분이 달라졌다. 모퉁이를 돌아오는 바람이 통하는 한가운데 서면 저절로 두 팔이 벌려지고 한껏 마음이 열렸다. 시원한 바람이 내 마음 속 짙은 우울을 날려 버리고 한 발짝이라도 더 걸을 수 있도록 유혹해 주었다. 점점 걷기를 하고 싶어졌다.

이렇게 꾸준한 산책으로 내 몸에는 차츰 힘이 쌓였다. 한 달 남짓 열심히 걷다 보니 멀리까지 갈 수 있게 되었다. 걷기와 바태에서 하는 운동은 커다란 시너지 효과를 내고 있었다.

9월 말부터는 이전에 안면이 있던 분이 간병인으로 와 주었다. 또 장기요양보험이 적용되어 요양보호사의 도움도 받을 수 있었다. 매일 생활이 규칙적이 되고 안정감을 찾으면서 건강도

호전되기 시작했다.

그런데 새로운 이상운동 패턴이 나타났다. 목과 등의 떨림은 잦아든 반면, 오른팔이 뻣뻣하게 굳어 올라가지 않고, 손은 뒤틀린 채로 허리에 딱 붙었다. 걸음걸이도 이상하게 변했다.

이런 상태에서 11월에는 주치의의 소개로 같은 병원 정신과 의사에게 첫 진료를 받았다. 그간의 증상과 치료 과정, 바태 스튜디오에서 하는 운동, 먹는 약 등에 대한 자세한 기록을 가져갔다. 의사는 기존에 먹던 약과 함께 새로운 약을 두 가지 더 처방해 주었다.

드디어! 바태에서의 운동과 꾸준히 산책을 한 덕분인지, 새로 처방한 약이 잘 맞았기 때문인지, 이후 내 증상은 눈에 띄게 좋아지는 것 같았다.

침을 잘 놓는다는 한의원에 가서 약침을 맞은 것도 효과가 있었다. 몇 주 침을 맞았더니 신기하게도 역기를 매단 것 같이 무겁고 움직이지 않던 오른팔이 위로 쑥 올라갔다. 팔이 움직이자 정말 날개를 단 것 같았다. 비록 일 년 후 왼쪽 쌀에 다시 문제가 생기기는 했지만 팔의 자유는 해방감 그 자체였다.

***

우리 몸은 조화로 생명을 유지한다. 수십 년간 비교적 건강하게 내 몸을 유지한 것은 작은 세포부터 각 기관까지 서로 조화를 이룬 덕분이다. 몸뿐이랴. 그동안 '나'라는 사람을 존재할 수 있게 해 준 무수한 자연의 생명체들, 사람들의 관계는 또 어떠한가. 태어나서 지금까지 먹고 입고 공부하고 삶을 영위한 모든 순간은 관계라는 큰 강물 속의 물방울 같은 것이었으리라.

그렇지만 나의 마음 한구석의 억눌림, 상처는 미처 눈치 채지 못하고 그대로 두었던 모양이다. 작은 틈이 강둑을 무너뜨리듯, 내 몸의 시스템이 무너져 병을 얻은 것은 그 미세한 스트레스의 신호를 놓쳤기 때문일 것이다. 그 결과 내 몸에 대한 통제력은 이상운동증후군에 넘어갔다. 나는 더 이상 '나'일 수 없었다. 이제껏 만들어 왔던 내 생활과 삶은 제로(0) 상태가 되어 버렸다.

나는 일이 있으면 미루지 않고 달려들었고, 이리 생각하고 저리 궁리하여 밤을 새워서라도 완벽하게 끝내려고 애썼다. 사람들과는 공연히 대립하는 것이 싫어 먼저 배려하고 아쉬운 소리도 하지 않았다. 역사와 사회 속에서 정치적 입장을 내세우지는 않더라도 양심의 소리를 외면하지 않고 살려고 했다. 하지만 병을 얻은 지금, 그렇게 노력하고 열정을 펼치고 진심을 다해 애써

왔던 그 일들은, 그 의미는 도대체 무엇이란 말인가.

아무것도 할 수 없게 되었을 때, 내 힘으로 물 한 모금조차 마실 수 없는 상태가 되어서야 나는 비로소 나를 돌아볼 수 있었다.

절망의 끝에서, 모든 것을 포기하게 되는 무기력의 지배를 받고 나서야 산다는 것이 무엇이고, 고통이 무엇인지, 자유가 무엇인지, 행복이 무엇인지 나 자신에게 묻고 또 물었다.

아픈 동안에 시간이 어떻게 흘렀는지 모르겠다. 침대에 누워 지낼 때는 생각의 끝이 잘 보이지 않았다. 하지만 걷기 시작하면서 달라졌다. 손을 뻗고 한 발을 내밀면 용기와 희망의 끈을 잡을 수 있을 것 같았다. 나를 병들게 했던 마음으로부터 벗어나 자연과 세상으로 나아갈 수 있다는 믿음이 생겼다. 비록 아파트 단지와 근처 한강변이라는 한정된 공간을 반복해서 걸었을 뿐이지만 이곳에서 만나는 세상이 내게는 작은 우주였다.

걷기 시작했을 때 자연을 향한 나의 관심은 겨우 나무와 꽃이 '거기 있었네'를 알아차린 수준이었다. 처음 보는 그들에게 '너 누구니?' 하고 이름을 물으며 다가가려고 애쓰는 정도였다. 그러니 아직 자연과 동화된다거나 깊이 일체화한다거나 감동을 함께 나누기는 어려웠다. 나의 소박한 연정을 부끄럽지 않게 해 준 것이 바로 걷기였던 셈이다. 나는 매일 새로운 생명의 초대장을 받아 들고는 가슴 설레며 산책길에 나섰다.

***

이 글은 병세가 가장 나쁘던 때를 지나 겨우 문 밖을 나가 걸으면서부터 시작된 이야기이다. 혼자서 걷지 못하고 다른 사람의 도움으로 한 발짝씩 내딛으면서 만난 투병 중의 세상이기도 하다.

그 때문에 여러분이 이 책을 읽는 데 어쩌면 조금 답답함을 느낄 수도 있다. 건강한 사람이 느끼는 속도나 거리, 시간, 공간 관념과는 사뭇 다르지 않을까 싶다. 작은 꽃과 나무를 보기 위해 불과 2~3초면 갈 수 있는 거리를 나는 10여 분을 더듬거리며 걸었다.

걷게 되면서 나를 둘러싸고 있던 '사회학자 심영희'라는 인생의 껍질이 보이기 시작했다. 겹겹이 단단하게 굳어 화석이 되어 가고 있는 내 지난 삶!

그리고 다행이라는 생각이 들었다. 내 인생이 강제 종료되지 않고, 리셋이라는 새로운 기회, 새로운 삶이 주어졌으니 말이다.

아직 나는 지난 삶의 방식에서 완전히 벗어나지 못하고 있다. 병에서도 자유롭지 못하다. 그럼에도 이번에는 진짜로 나를 살아 보고 싶다. 작은 것, 소중한 것, 아름다운 것들을 만나면서 말이다.

이제 내가 걷는 길에는 치유라는 썩 괜찮은 친구가 동행하고 있다.

1장

더듬더듬, 나를 만나러 가는 길

한 걸음에 후회,
두 걸음에 마음 내려놓기

내일 무슨 일이 있을지 묻지 마라.
운명이 선사하는 날들은 이득이라 셈하라.
젊은 날, 달콤한 사랑과 춤을 멀리하지 마라.

- 호라티우스, 《송가》에서

걷기에 초대해 준 메타세쿼이아 길

"엄마, 괜찮아? 괜찮겠어?"
"여보, 조금만 걷다 오자. 너무 걱정하지 마."
"어머니, 힘드시면 바로 들어오세요."
"할머니, 파이팅!"

걷기에 나선 그날, 현관문 앞에는 난데없는 응원 인파가 몰렸다. 어쩌다 한 번 '산책하고 싶다'고 했을 뿐인데. 나는 살짝 멋쩍게 웃었지만 사실 미안하고 고맙고, 한편으로 두려운 마음이 뒤섞였다.

하나, 두울, 세엣. 힘겹게 계단 몇 개를 내려갔다. 남편에게 두 팔을 내맡긴 채였지만, 나는 걸었다. 스스로 첫 발걸음을 뗐다.

어린아이가 자신의 힘으로 첫걸음마를 떼려면 수없이 엉덩방아를 찧어야 한다. 넘어지면 일어서고 또 시도한다. 오로지 한 발짝 떼기 위해 모든 것을 집중한다. 그 신기한 '운동, 움직임'을 위해.

나는 몇 달 동안 제멋대로 떨리는 몸을 어쩔 줄 몰라 침대에 누워 발버둥치고 뒤척거리며 살아왔다. 이제 그 생활에서 벗어나고 싶었다. 넘어져도 울지 않는 어린아이처럼 나는 순전한 열정으로 걷기를 다시 시작했다.

2019년 6월에서 8월까지, 그 여름은 긴 고통의 시간이었다. 9월까지도 몹시 힘겨웠고, 10월에 요양보호사가 왔을 때에도 여전히 혼자 할 수 있는 것이 없었다. 그렇지만 고맙게도 아직은 튼튼한 다리 덕분에 아파트 단지에서 산책을 시작할 수 있었다.

처음에는 겨우 몇 걸음, 다음에는 몇 미터, 조금만 더, 조금만 더…. 그렇게 점차 거리를 늘려서, 아파트 단지를 넘어 수백 미터 메타세쿼이아 길을 걸었고, 반포천 길을 따라 걸었다.

메타세쿼이아 길은 내가 사는 아파트 울타리 바로 옆에 붙어 있다. 쭉쭉 뻗어 올라간 키 큰 나무들이 양쪽에 나란히 서 있는 일자형 길이다. 집에서 멀지 않고 전체 거리도 짧아 오래 걷기 힘든 나에게는 안성맞춤이었다.

거대한 메타세쿼이아가 길을 따라 늘어서고 드문드문 단풍나무나 다른 나무들이, 그 밑에 크고 작은 풀과 꽃들이 있었다. 특히 여름에는 짙은 초록색의 비비추가 동네 개구쟁이들이 몰려다니는 것처럼 한 뭉치씩 씩씩하게 피었다. 가을이 되면 메타세쿼이아들이 붉은 갈색으로 물들어 사뭇 이국적인 풍경을 만들었다. 불타는 듯한 이 길은 멀리서도 시선을 사로잡았다.

처음에는 이 나무의 이름도 몰랐다. 날씬한 이등변삼각형처럼 높이 솟아 있기에 대충 삼나무이겠거니 했다. 그런데 어느 날 집에 놀러 온 친구가 "이거 메타세쿼이아야."라고 했다. 그

래서 나는 조금 더 알아보았다.

세쿼이아는 미국삼나무라고도 하는데, 미국 캘리포니아주 인근에 주로 서식하며 세계에서 가장 큰 나무이다. 메타세쿼이아는 20~30미터까지 자라는 등 외양이 세쿼이아와 비슷하지만 다른 나무이다. 이름을 보면 서양 나무 같은데 원산지가 중국이고 우리나라도 자생지 중 한 곳이다. 메타세쿼이아는 깃털 모양 잎이 2장씩 마주 보게 달리는 낙엽수인 반면 세쿼이아는 잎이 어긋나게 달리는 상록수이다. 비슷하게 생긴 삼나무는 잎이 바늘 모양에 짧고 억세며 나선형으로 배열되는 상록수이다. 잎사귀를 사진 찍어 자세히 관찰하니 메타세쿼이아가 맞는 것 같았다.

나는 말을 더듬는 사람처럼 길을 더듬더듬 걸었다. 남편이나 요양보호사와 손잡고 이 길을 왔다 갔다 했다. 상체는 굳고 어색하게 뒤뚱거렸지만 이렇게라도 걸을 수 있는 게 얼마나 다행인가.

처음에 아파트 쪽에서 초등학교 방향으로 걸을 때는 힘들다고 생각하지 않았다. 그런데 방향을 바꿔서 걸으니 야트막한 경사가 있는 오르막길이 되었다. 초기에는 다섯 번을 오갔고, 점점 늘어 열 번씩도 오르내렸다. 걷다가 힘들면 도중에 긴 의자와 지붕이 있는 정자 같은 곳에 앉아 물을 마시고, 쉬면서 스트레칭을 하기도 했다. 주로 팔 돌리기, 손을 잡고 앉았다 섰다 하는 스쿼트, 어깨 돌리기 운동 등을 했다. 비를 피하기에도 좋은 곳이었다.

메타세쿼이아 길은 길 중간에서 위쪽으로 올라가면 '피천득 산책로'로 연결된다. 이곳에 올라가서 반포천 쪽을 내려다보면 아래에 분수가 있고, 맞은편 위에서는 물이 왼쪽에서 쏟아지다가 중간으로 갔다가 다시 또 오른쪽으로 왔다 갔다 하면서 폭포처럼 쏟아졌다. 떨어지는 물소리가 엄청 커서 멀리 떨어진 곳에서도 들렸다. 나는 그곳을 나이도 잊게 한다고 '나이야 가라 폭포'라고 불렀다. 한여름에 쏟아지는 물소리를 듣고 있다 보면 온몸이 다 시원한 느낌이 들었다.

메타세쿼이아 길은 얼마든지 아파트 밖으로 산책을 나갈 수 있다는 용기를 심어 주었다. 또 경사가 있어서 오르막길도 거뜬히 올라갈 수 있다는 자신감을 키워 주었다. 이 자신감 덕분에 피천득 산책로까지 걷기를 늘려 나갈 수 있었다.

중국 장쑤성에는 6만 그루가 늘어선 메타세쿼이아 길이 있는데 40킬로미터에 이른다고 한다. 하염없이 걷는다고 해도 며칠은 걸릴 것 같다. 그래도 건강해져서 그 장관을 한번 볼 수 있는 날이 오면 좋겠다.

시로 속삭이는 힐링, 피천득 길

 메타세쿼이아 길 다음으로 산책한 곳은 피천득 산책로이다. 반포천에는 윗길과 아랫길이 있는데 보통 '피천득 길'이라고 하는 산책로가 윗길이다.

 피천득 길은 우선 굴다리 밑으로 내려갔다가 올라가서 시작하는 길이라 처음 갔을 때는 좀 힘들었다. 그러나 일단 산책로에 올라가면 걷기 좋게 바닥이 고무 재질로 되어 있고, 길 양옆으로 나무가 울창하여 상쾌했다.

 첫머리에 들어서면 사람들이 걷는 산책로와 자전거 길이 나누어진 꽤 넓은 길이 나온다. 큰 벚나무들이 자리 잡고 있어 봄이면 벚꽃이 흐드러지게 피어나 아름다운 벚꽃 터널을 이룬다. 여름에는 그늘도 좋은 데다 초록의 싱그러움으로 마음을 경쾌하게 해 주고, 가을이면 단풍이 들어 또 다른 분위기를 만들어낸다. 넓은 길 끝에 피천득 시인의 좌상과 펼쳐진 책 조형물, 그리고 '인연'이라는 글자가 새겨신 조형물이 있다. 책 조형물에는 시인의 시가 쓰여 있다.

 걷다 보면 개천이 구부러지는 모퉁이 근처에 커다란 버드나무가 나온다. 바로 그 옆에 개천 위로 툭 튀어나오도록 널찍하게 나무 데크를 깔아 놓고 둥그런 평상 같은 것을 세 개 만들어 놓았다. 마을 쉼터처럼 사람들이 삼삼오오 모여 앉아 이야기도 하고 물도 마시면서 머물기 좋은 곳이다.

조금 더 가면 자전거 길은 반포천 아래쪽으로 내려가면서 없어지고 산책로가 좁아진다. 거기에도 양쪽에 나무가 많아 분위기가 좋다. 특히 보리수나무가 꽤 많이 심어져 있는데 살짝 회색빛이 도는 연한 연두색 꽃봉오리가 달린다. 끝을 사방으로 납작 눌러 놓은 것 같은 피라미드 모양의 작은 꽃송이가 넉 장의 미색 꽃잎으로 벌어지며 꽃이 핀다. 여러 개의 꽃자루가 한 군데서 뭉쳐나는데 꽃이 다 피면 조롱조롱 귀엽고 앙증맞은 작은 꽃다발이 된다. 무심하게 며칠이 지나면, 앵두처럼 새빨갛게 익은 보리수 열매를 매달고 있다.

길은 저절로 시인이 되게 한다. 목련꽃도 피고, 황매화도 노랗게 피고, 참나리의 짙은 주홍빛 나팔 소리도 들린다. 길 중간중간에 피천득 시인의 시가 쓰여 있는 검은 목판이 서 있다. 시인의 글들이 하얀 대리석으로 된 의자 등받이에 새겨져 마음을 끈다. 〈이 순간〉과 〈축복〉이라는 시는 갈 때마다 보고 또 보아도 좋다.

〈이 순간〉은 내가 죽어 땅속에 묻히고 기억이 사라지고 두뇌가 기능을 멈추더라도 지금 이 순간 귀로 음악을 듣고 친구들과 만나 웃고 이야기하고 글을 쓴다는 것이 얼마나 행복한지를 노래한다. 아름다우면서도 죽음에 이르는 묘사가 조금은 섬뜩한 느낌을 준다.

또한 〈축복〉은 내가 살아 있다는 것이 복되고 기쁜 일이며, 더구나 혼자가 아니라 가족, 친구들과 함께 존재할 수 있다는 것에 기쁨과 감사의 마음을 표현한다.

이 두 편의 시는 내가 걸을 수 있음에, 나를 위로하는 친구가 있음에 감사하는 마음을 갖게 했다. 당연하게 여겼던 것들을 할 수 없게 되고 나서야 그것들이 얼마나 귀중한 것이었는지 깨닫게 해 주었다.

피천득 길은 나에게 산책을 통한 몸의 치유와 시를 통한 마음의 치유를 도와준 고마운 길이다.

허다한 일들, 허다한 욕심 내려놓기

나는 왜 그렇게 열심히 일했을까. 건강까지 해쳐 가면서 말이다. 단순히 기회가 있으니까, 이왕 주어진 기회이니 잘 해 보려던 것이었을까. 성격? 나도 모르는 욕심? 아니면 대학 사회의 구조적 압박 때문이었을까?

30년 이상을 대학교수로 지냈고, 정년퇴직 후에도 계속 국내외 대학의 강의와 연구를 놓지 못하고 살았던 나. 어찌 보면 내 인생의 뼈와 살을 만든 것은 대학이라고 할 수 있다.

격동의 1980년대, 90년대를 지나 2000년대 이후 대학 사회는 국제화와 제도 변화라는 전환기를 맞았다. 이미 양적 팽창으로 비대해진 대학은 국내뿐 아니라 세계 대학들과도 경쟁해야 했다. 극심한 경쟁은 매겨진 등급으로 나타났고, 결국 학생과 교수, 대학 자체도 몇 등 했는지가 성공과 실패의 잣대가 되었다.

대학에서 학과장을 할 때 처음으로 대학평가제가 시행되었다. 이때 엄청나게 많은 자료들을 만들어 관련 당국에 제출했다. 교수들은 매년 몇 편 이상의 논문을 출판해야 했는데, 평가제가 더 심화되어 논문 편수가 늘어났고, 영어 강의 능력을 증명해야 했고, 강의에 대한 학생들의 평가를 받아야 했다. 거기에 졸업생들의 취업도 책임져야 했다.

교수임용제는 계약제로 바뀌었다. 예전에는 한번 교수로 임용되면 자동으로 정년이 보장되었지만, 이제는 재계약이 안 되면 그걸로 끝이었다.

사실 이러한 변화는 교수 생활 후반기에 도입되어 나에게 별 영향을 주지 않았다. 그렇지만 힘겨워 하는 동료들이나 후배들을 볼 때 마음이 편하지 않았다. 어느새 나도 더 열심히 해야 살아남을 수 있다는 강박이 깊이 파고들었을 것이다.

성격도 한번 되돌아보았다. 나는 아버지를 닮아 꼼꼼하고 뭐든 한번 시작한 일은 최대한 완벽하게 끝내야 직성이 풀렸다. 그렇게 완벽을 추구하는 습관은 나 자신만 향하는 게 아니라 다른 사람에게도 향했다.

당시에는 몰랐는데 대학원 학생들 사이에 내가 '킬링필드'라는 무시무시한 별명으로 불렸다고 한다. 학생들에게 학점도 인색하고 더 잘하라고 아주 닦달을 했던 모양이다. 그들이 혹시 나로 인해 더 좋은 논문을 쓰거나 학문적 성취를 이루었을지는 모르지만, 지금 생각하니 정말 미안하다.

욕심도 문제였을 것 같다. 인생에서 돈을 잃으면 조금 잃는 것이고, 명예를 잃으면 많이 잃는 것이며, 건강을 잃으면 다 잃는 것이라고 한다. 예나 지금이나 돈 욕심은 크지 않지만 명예에는 욕심을 냈던 것 같다. 나는 맡은 일을 완벽하게 해내는 것에서 명예를 찾았다. 조직의 책임자가 되거나 보직을 받게 되면 무던히도 애를 썼고, 그것이 다른 사람의 인정을 받는 길이라고 생각했던 것 같다.

사실 그런 일은 내가 아니어도 다른 사람이 얼마든지 잘 할 수 있었을 것이다. 그런데도 나 아니면 안 된다는 생각이 은연중에 자리 잡고 있었던 모양이다.

이제 이전에 했던 수많은 일들은 조용히 내려놓아도 좋을 시간이 되었다.

나는 나답게, 너는 너답게,
우리로 어울리다

나는 다른 무엇이 아닌 자기 자신이 되는 것이 훨씬 중요하다고
간단하게, 단조롭게 말할 뿐입니다.
다른 사람에게 영향을 줄 거라고 꿈꾸지 마세요,
이렇게 나는 말할 겁니다.
그 말이 고상하게 들리게 할 수만 있다면요.
사물을 오로지 그 자체로 생각하십시오.

- 버지니아 울프, 《자기만의 방》에서

소쩍새도 울고, 천둥도 울었다는데

'하늘 아래 모든 것이 저 홀로 설 수 있을까.'

가끔 노래의 한 구절이 겸손한 마음을 일깨울 때가 있다. 사실 내가 혼자서 완벽하게 책임을 다하고 능력을 발휘해서 성취했다고 믿었던 일도 뒤돌아보면 꼭 그런 것만은 아닌 경우가 있다. 또는 당시에는 '우리 모두의 힘으로 해낸 거야.'라고 했던 일도 나중에는 주변 상황은 희미해져 버리고 마치 나 혼자 주인공이었던 것처럼 기억되기도 한다. 하지만 분명한 사실이 있다. 세상일은 혼자서, 저절로 이루어지지 않는다.

2000년대 초, 여학생부처장을 맡았을 때이다. 나는 여학생부처장은 당연히 여학생 복지를 위주로 일한다고 생각했다. 그런데 황당하게도 인수인계의 1순위 업무에 봄 축제의 가요제 행사가 있었다. 나는 이런 행사는 여학생부처장의 업무가 아닌 것 같다며 하지 않겠다고 의견을 냈다.

그런데 축제가 다가오자 학생처 홈페이지는 가요제 예선이 언제이고, 몇 명을 뽑고, 상금은 얼마이며, 어떤 초대가수를 불러 달라는 등 질문과 요구 글들로 도배되기 시작했다. 결국 가요제를 하지 않으면 안 되는 분위기가 되었다. 그렇다면 해내야 하는 일이었다.

나는 예능 일이 처음이라 어떻게 해야 할지 막막하고 잠이 안 왔다. 그때 내 곤란함을 알게 된 한 대학원 여학생이 나서서 사회학과 대학원생들을 설득하기 시작했다. 그러더니 갑자기 모두들 흑기사로 돌변하여 '해 보자!' 하는 분위기가 되었다. 순식간에 전체 행사에 대한 로드맵이 그려졌으며 각자의 재능과 경험치를 최대한 끌어냈다.

우선 대학원생들의 도움으로 음대 교수들을 심사위원으로 위촉해 예선을 치렀다. 그들은 또 본선에 오른 10개 팀의 면접을 치르고 홍보물 등에 쓸 프로필을 만들어 주었다. 그런데 최대 난제인 연예인 섭외가 남아 있었다. 설문조사를 통해 초청 가수를 선정하기는 했는데 정작 연예기획사와 어떻게 접촉해야 하는지는 아무도 몰랐다. 여기저기 알아보다 막판에 남편의 인맥까지 동원해서야 간신히 해결했다.

하지만 아직도 행사 장소 준비와 진행 순서, 예산 확보, 행사 홍보, 사회자 선임 및 역할 분담까지 남은 문제가 첩첩산중이었다. 나는 총감독 겸 연출가 역할을 해내느라 엄청난 스트레스를 받았던 것 같다. 학생들과 5분 단위로 큐시트를 만들어 시뮬레이션을 하면서 준비를 도왔다. 매일 밤을 새우다시피 했고, 자다가도 벌떡 일어나 무대 배치와 출연자 동선, 조명, 음향 시설을 어떻게 할지 그림을 그려 가며 아이디어를 짜냈다.

우여곡절 끝에 드디어 가요제 날이 되었다. 유명한 대중가수가 온다는 소문 덕분인지 널따란 노천극장은 그야말로 인산인해였다. 먼저 본선에 오른 10개 팀의 경연이 있었다. 그들은 기성가수 못지않게 노래를 잘해서 분위기를 달궜다. 심사하는 동안 총장님이 마이크를 잡고 멋지게 노래 한 곡을 부르자 엄청난 환호성이 교정을 뒤흔들었다. 교수, 학생, 직원, 본부라는 네 집단이 잘 어울려야 한다면서 고른 곡은 〈네 박자〉였다. 정말 센스 있는 선곡이었다. 마침내 기다리던 초청가수들의 순서가 되자 노천극장은 온통 열광의 도가니였다. 점점 더 많은 축제 인파가 몰렸다. 대성공이었다.

이것은 정말 오케스트라처럼 많은 사람들의 협조와 도움이 있었기에 가능했다. 나는 이 '한 번 해 본 솜씨'를 가지고 가요제를 축제의 하이라이트로 만들며 3년 연속 성공적으로 개최했다.

가요제를 통해서 나는 깨달았다. 내가 한 일이지만 혼자서 해낸 일이 아니었다는 것을. 나는 '나'이지만 결코 혼자서는 '나'가 될 수 없다는 것을.

모두가 주인공이 아니어도, 크게 드러나지 않아도, 세상의 멋진 일들은 여럿이 힘을 합하여 이루어지고 있었던 것이다.

조화의 아름다움을 일깨워 준 오솔길

나는 웬만해서는 주변 사람들에게 싫은 소리, 아쉬운 소리를 하지 않았다. 혹시 그 이면에 나한테 걸맞지 않은 무슨 대단한 사랑이나 인내심, 포용력을 가진 사람이 되려는 마음이 있었던 것은 아닐까? 그런 욕심이나 착각은 없었다 해도 그것을 미덕으로 여겼던 것만은 분명하다.

세상의 위대한 성인들을 떠올려 보았다. 석가모니가 출가할 때 가족들은 울며불며 말렸을 것이고, 공자가 이 나라 저 나라 떠돌며 바른 정치를 설파해도 제후들은 대부분 귀담아듣지 않았을 것이다. 예수는 또 얼마나 싸움의 중심에 있었던가. 이런 상황에서 석가모니는 한 번도 화내지 않았을까? 공자와 예수는 갈등 없이 평화롭게 살았을까?

이들을 생각하니 은근 안심이 된다. 이제는 힘들 땐 힘들다고, 싫은 건 싫다고 말할 것이다. 착한 것이 반드시 미덕은 아니다.

가을이 깊어지자 아파트 안의 나무들이 갖가지 빛깔로 곱게 물들기 시작했다. 내가 사는 집은 높은 층에 있어서 멀찍이 있는 연못과 주위의 나무들을 내려다볼 수 있다. 나무들은 무도 회에 초대받은 아가씨들처럼 색색으로 차려입은 풍성한 드레스를 펼치며 저마다 자태를 뽐냈다. 집 가까이 있는 나무들도 노란색과 빨간색으로 단풍이 들었다.

내려가서 단지를 한 바퀴 돌아보니 계수나무가 제일 먼저 노랗게 물들었고 다음으로 벚나무가 주황색으로 바뀌어 가고 있었다. 벚나무가 많은 큰길에는 주황색 단풍이 들면서 벚꽃 단풍 터널을 만들었다. 화살처럼 생긴 키 작은 화살나무도 일찌감치 선홍색으로 물들었고 은행나무도 노랗게 되었지만 단풍나무는 비교적 늦는 것 같았다.

단풍나무는 종류에 따라 물드는 시기에 차이가 있었다. 한동안은 초록색을 유지하다가 꼭대기부터 조금씩 서서히 물들어 내려온다. 잎사귀가 큰 단풍나무는 비교적 빨리 붉게 물들고, 잎이 작은 아기단풍은 늦게 물들었다.

내가 이름을 붙여 준 길 가운데 '오솔길'이 있다. 청단풍, 적단풍 등 여러 단풍나무와 벚나무, 사철나무가 쏟아지는 가을 햇빛을 받아 작품을 만드는 길이다. 아기단풍 나무들의 빨간색은 그중에서 가장 돋보인다. 그 뒤에는 든든한 언니들처럼 주황색, 노란색의 단풍들이 배경을 만들어 준다. 다른 색의 단풍이 없다면 빨간 단풍이 그렇게 오래도록 돋보일 수 있을까. 빨간 단풍이든 노란 단풍이든 서로의 배경이 되어 주기 때문에

전체가 아름답게 보이는 것이리라. 작으면 작은 대로, 크면 큰 대로, 못나면 못난 대로, 있는 그대로 어우러지는 것이 진정한 조화 아닐까.

단풍잎이 떨어져 오솔길에 카펫처럼 푹신하게 깔리면 이 길의 아름다움은 최고조에 이른다. 위는 색색의 단풍이 화려하게 빛나고, 바닥은 갖가지 단풍잎과 낙엽이 깔려 보기만 해도 마음이 행복해졌다. 단풍잎을 두 손에 가득 담아 높이 흩뿌리면 내 손이 빨갛게 물들까? 단풍잎 위로 누워 뒹굴면서 온몸을 새빨갛게 물들이는 상상도 해 보았다.

오솔길 옆으로는 앞뜰정원이 있는데, 각종 기암괴석 사이로 억새들이 햇빛을 받으면 은빛으로 반짝였다. 은빛 억새는 여러 풀과 꽃, 나무 사이에서도 멋진 모습을 드러냈다. 억새가 여러 종류가 있는지 파마한 것처럼 꼬불꼬불한 것도 있고, 단발머리처럼 반듯한 것도 있었다.

오솔길과 앞뜰정원 사이에는 바위에 박혀서 자라는 특이한 나무가 있었다. 바위에는 나무의 나이테 같은 줄이 있는데 단층이 생기면서 나타난 주름 같은 게 아닌가 싶었다. 지나갈 때마다 신기해서 보고 또 보고는 했다. 세월은 저렇게 흔적이 남는다!

앞뜰정원과 오솔길을 따라 단풍 구경을 하면서 양쪽을 오가면 시간 가는 줄 몰랐다. 이 아름다운 단풍 길을 혼자 보기 아까워 친구들을 초청해서 같이 걸었다. 사진을 단톡방에 올리면 설악산 어디냐고 묻기도 했다. 이 길의 단풍나무들은 유난히 끈기가 있는 것인지 초겨울까지도 곱게 물들어 있었다. 사람을 행복하게 하는 참 좋은 나무들이다.

어느 날, 갑자기 오솔길이 텅 비었다. 수북이 쌓여 있던 단풍잎을 누군가 다 쓸어 버렸다. 푹신한 낙엽을 그대로 두어 자박자박 마른 낙엽 밟는 소리까지 들을 줄 알았다. 떨어진 낙엽을 그냥 두어도 좋으련만….

마음이 허전하고 텅 빈 것 같았다.

몽마르뜨 언덕에서 '해냈다'

늦게까지 버티던 마지막 단풍마저 다 떨어졌다.

나는 보상이라도 받으려는 듯 다른 갈 만한 데가 없을까 궁리했다. 마침 전에 방배동에 살 때 우면산에 올라갔다가 들렀던 '몽마르뜨 공원'이 떠올랐다. 근처 서래마을에 프랑스 사람이 많이 살아 그 입구를 '몽마르뜨 길'이라고 부르면서 공원 이름도 몽마르뜨 공원이 된 곳이다.

집에서 나와 반포대로 쪽 큰길을 따라 계속 서초동 방향으로 걸었다. 국립중앙도서관을 지나면 오른쪽으로 돌계단이 나오는데 계단을 올라가면 공원이었다.

하나, 둘, 셋, 휴—. 호기롭게 계단을 밟기 시작했지만 이내 숨이 찼다. 평지를 걷기도 힘겨운 나에게 가파른 돌계단은 벅찼다. 중간에 쉬면서 천천히 올라갔다. 그래도 힘들어 하면 남편과 간병해 주는 은영 씨가 내 손을 잡고 끌어 주어 간신히 걸음을 옮겼다.

돌계단이 끝나니 이번에는 나무계단이 나타났다. 아이고! 또다시 당기고 끌고 어찌어찌해서 마지막 계단을 넘었다.

"여보, 내가 해냈어!"

너무 기쁘고 감격해서 팔을 번쩍 들어 올렸다. 누군가 그게 뭐 대단한 일이냐고 물을 수도 있지만, 그 순간만큼은 내가 세계 챔피언이었다.

공원에 올라가니 시계탑을 중심으로 큰 잔디밭이 펼쳐져 있었다. 입구부터 프랑스의 유명한 시들이 적힌 패널이 세워져 있는데, 우리는 시를 읽어 보고, 프랑스 화가들의 조형물 옆에 서서 사진도 찍으며 공원을 한 바퀴 돌았다. 가장자리에는 멋있는 소나무들도 있어서 분위기가 좋았다. 봄이나 여름에 오면 더 좋을 것 같았다.

입구 쪽으로 나와서 다른 방향으로 가니 누에가 몸을 둥그렇게 말고 있는 것 같은 조형물이 있었다. 그 누에 입을 만지면 소원이 이루어진다고 해서 만져 보았다. 소원도 빌었다. 그러고는 조형물의 동그란 공간에 얼굴을 들이밀고 사진도 찍었다.

조금 더 가니 누에 모양의 누에다리가 나왔다. 차를 타고 그 다리 밑을 지날 때마다 신기하게 생겼다고 생각했는데 막상 올라오니 너무 높아 걷기에 무서운 느낌이 들었다. 가장자리로는 못 걸어가고 다리 한가운데로 조심조심 건넜다. 거기에 서서 찍은 사진은 아주 특이하고 멋지게 나왔다.

다리를 건너가니 올라가는 산길이 나오고, 좀 더 가니 운동 기구들이 설치된 곳이 나왔다. 우리는 벤치에 앉아 좀 쉬었다.

남편은 내가 힘들어 보였는지 벤치에 누우라고 하더니 팔 돌리기 운동을 해 주었다. 그러고는 누워 있는 내 배 위에 올라타고 앉아서 팔 운동을 해 주었다. 그렇게 하면 다양한 팔 운동을 하기가 훨씬 쉬웠다.

그러자 은영 씨가 부끄러워하며 뒤돌아서 쿡쿡 웃었다. 대낮에 남녀가 대놓고 낯 뜨거울 정도의 애정 행각으로 풍기 문란을 일으켰다나, 어쨌다나.

한낮의 내 그림자는
무엇을 기다릴까

나 이제 일어나 가리라, 이니스프리로 가리라.
거기 진흙과 나뭇가지로 작은 오두막을 지어,
콩밭 아홉 이랑과 꿀벌통 하나 가지고
벌들이 윙윙대는 숲에 나 홀로 살리라.
(중략)

나 이제 일어나 가리라, 밤이나 낮이나
호숫가에 찰랑이는 낮은 물결 소리가 들리고
찻길 위나 회색 보도 위에 서 있을 때면
내 마음 깊은 곳에서 그 물결 소리 들리네.
- 윌리엄 예이츠, 〈이니스프리 호수 섬〉에서

은빛 억새, 출렁이는 은물결

아까 지나왔던 길을 걷는다. 잠깐 멈춰 서서 사방을 둘러보는데 뭔가 느낌이 다르다. 같은 곳인데 왜 돌아갈 때 보는 풍경은 다른 것일까. 갈 때는 무슨 생각을 했었지? 아마 어딘가를 간다는 목적이 있었기에 그저 걸었는지 모른다. 올 때는 피곤해져서 나도 모르게 마음이 급해졌을 수 있다.

언덕을 올라갈 때는 무엇이 보였던가. 저 멀리 하늘과 구름, 길옆의 나무와 꽃, 사람들…. 그러나 내리막길에서는 멀리 보기 어려웠다. 겨우 몇 걸음 앞을 보며 넘어지지 않게 조심했을 뿐이다.

그래도 천천히 걸으면 오르막이든 내리막이든, 모든 것은 아니지만 많은 것을 볼 수 있다. 앞만 보고 걸으면 무슨 재미가 있을까. 아파트 단지와 한강변에서 일주일, 한 달, 일 년을 같은 길을 다녀도 똑같은 길은 한 번도 없었다. 이상한 일이다.

내 발끝에는 아무래도 강아지 코라도 달린 모양이다. 길 냄새를 잘 맡는다. 이쪽저쪽 방향으로 벌름거리면서 걷기 좋은 길을 찾아내고는 한다.

얼마 전까지만 해도 반포천 산책은 기껏해야 이수사거리가 있는 피천득 길에서 끝났다. 거기까지 갔다 오는 것만 해도 나에겐 대단한 일이었다. 그러다가 점점 멀리, 내친김에 좀 더 가 보자고 하여 계속 거리를 늘렸다. 초겨울 무렵에는 동작대교 아래쪽까지 갔다. 위로 올림픽대로와 지하철이 지나가고 있어서 몹시 시끄러운 곳이었다.

동작대교 아래에는 상당히 넓은 공간에 의자와 운동기구들이 설치되어 있어 사람들이 운동도 하고 쉬기도 했다. 그곳에서는 멀리까지 이어지는 다리 기둥들이 추상화처럼 멋지게 보였다. 의자에 앉아 쉬다 보니 억새밭이 눈에 들어왔다.

겨울로 들어가는 초입. 모든 풀들이 한 시절의 사명을 마무리할 때였다. 줄기 아래쪽은 벌써 누렇게 변했다. 억새는 다음 세대를 준비해 놓고는 하얗게 흔들리고 있었다. 어쩌면 바람이 더 세게 불기를 바라는지도 모른다.

억새밭이 얼마나 넓은지 알고 싶었지만 내가 앉은 옆쪽에서는 다 보이지 않았다. 그 많은 억새가 바람이 불 때마다 솨~솨 소리를 내며 일제히 옆으로 누웠다가 다시 일어섰다. 쓰러질 듯 쓰러지지 않고, 꺾일 듯 꺾이지 않는 유연함, 그리고 바람에 몸을 내맡긴 그 자유로움이 더없이 아름다웠다.

맑은 날 파란 하늘을 배경으로 흔들리는 억새는 또 얼마나 눈부신가. 역광으로 바라보는 억새, 은빛으로 반짝이는 억새,

춤추는 억새!

억새밭 왼쪽으로는 흙길이 나 있고, 저 멀리 오른쪽으로는 포장된 자전거 길과 함께 산책로가 있다. 우리는 억새밭 옆으로 난 흙길을 따라 걸었다. 길은 울퉁불퉁 제멋대로여서 요즘에는 보기 힘든 시골길 같았다.

억새밭과 흙길 사이에는 작은 공간이 있었는데 거기에는 피었다가 시든 작은 풀꽃들이 있었다. 왜 사느냐고 묻지도 않고 그저 순리에 따라 피고 지며 세상에 왔다가 가는 풀꽃들. 나는 마음속으로 '선생님!' 하고는 꾸벅 고개를 숙였다.

이번에는 오른쪽으로 억새밭을 끼고 흙길을 따라갔더니 '더 리버'라는 요트 카페가 나왔다. 바로 앞에 강물이 찰랑거리고 물 위에 둥둥 떠 있는 느낌을 주는 카페였다. 벽에 설치된 모니터에는 요트 타는 동영상이 계속 돌아가고 있었다. 이런 특이한 카페 분위기 덕분에 기분이 무척 산뜻해졌다.

우리는 물이 찰박찰박 부딪는 모습이 보이는 제일 앞자리의 소파에 자리 잡고 따끈한 차를 시켰다. 사람도 없고 피곤하기도 해서 푹신한 소파에 백작 부인처럼 비스듬히 앉았다. 누운 듯 편안한 자세를 취하니 마음도 느긋해졌다.

서래섬, 그곳에 가고 싶다

그 섬이 거기 있는지도 몰랐다. 분명 귓전에 한 번은 울렸다 갔을 것이고, 지나가다 표지판에서 보았을 법하고, 서울시 지도에서도 혹시 한 번쯤 스쳤을 수 있었다. 하지만 전혀 기억에 없고, 가 본 적도 없었다.

처음 서래섬에 가게 된 것은 11월 24일이었다. 남편과 함께 '더리버' 주차장을 지나 계속 걸었더니 왼쪽에 다리가 나타났다. 다리 난간 양쪽으로는 활짝 핀 피튜니아꽃 화분이 가득 매달려 있었다. 밤에 향기가 나는 꽃이라는데 한낮까지도 오묘하고 옅은 향기가 남아 흐르고 있었다. 꽃말처럼 '당신과 함께 있으면 마음이 따뜻해'졌다.

다리를 건너 왼쪽에 삼각 깃발 같은 천막을 친 둥그런 높은 지대에 도착했다. 나는 둥그렇게 둘러앉도록 나무로 만들어진 자리에서 한강을 바라보았다. 앞이 탁 트여서 바람도 시원하고 하늘도 시원스레 잘 보였다. 여기서는 세상 모든 시름을 잊을 수 있을 것 같았다. 나도 모르게 "야호!" 하고 큰 소리를 내보냈다. 내심 시원하게 소리 지른 것 같았지만 목소리가 크지 않았다. 겸연쩍게 혼자서 속으로 중얼거렸다. '사람도 없는데 소심하긴.'

왼쪽으로는 멀리 여의도의 높은 빌딩들과 동작대교가 눈에 들어오고, 바로 앞으로는 용산의 아파트들과 남산타워가, 오른쪽으로는 반포대교와 잠수교가 보였다. 오른쪽 뒤를 돌아보니 넓은 잔디밭 가장자리에 군데군데 의자와 지붕 있는 그네의자가 있어 쉬기에 좋아 보였다. 조르주 쇠라의 〈그랑드자트섬의 일요일 오후〉처럼 사람들이 편안히 앉아 있거나 녹색 잔디밭에서 놀고 있었다. 정말 오랜만에 보는 평화롭고 아름다운 풍경이었다.

서래섬 안에서는 섬 전체를 한 바퀴 빙 돌아볼 수 있었다. 한쪽은 한강변을 따라 나란히 걷는 직선으로 된 흙길이다. 한강이 잘 보이고 강가에는 억새가 바람에 일렁거렸다. 시야가 시원한 것 외에는 별 재미가 없는 편이라 나는 반대편의 꾸불꾸불한 길이 더 좋았다.

그 길에는 호수같이 보이는 물길이 두 군데 있었다. 그 호수들을 따라 길이 굼실거리듯 이어져 있고, 주변에는 버드나무들이 서 있었다. 바람이 잔잔해서인지 물에 비친 가느다란 버드나무 줄기가 곱게 빗어 내린 여인의 긴 생머리처럼 단정했다. 잠깐 걸음을 멈추고 고개를 돌려 언덕을 바라보았다. 늘어선 큰 나무들이 호수를 감싸 안듯 의연하게 서 있었다.

겨울로 가는 해는 빨리 떨어졌다. 붉은빛의 아름다운 노을과 함께 해가 작은 호수에 빠져 들어가며 황홀한 장면을 연출했다. 이때를 놓칠세라 서둘러 사진 한 컷을 찍었다. 순간순간이 아까워 자꾸만 셔터를 눌렀다. 노을이 불타는 것처럼 카메라 화면을 뜨겁게 채웠다.

다시 꾸불꾸불한 길을 따라 서래섬을 빠져나왔다. 뭔가 아쉬움이 남아 마지막 다리에서 뒤돌아보았다. 물에 비친 버드나무는 여전히 그림같이 고요했다. 마음이 차분해졌다. 서래섬이 묵묵히 나를 부르고 있었다.

'응, 다시 올게.'

그 첫 만남은 매일 나를 설레게 했다. 더 많이 알고 싶고 조금이라도 더 빨리 만나러 가고 싶었다.

서래섬에 겨울이 가까워지고 있었다. 가을이 떠나간 섬은 황량해 보이다가도 왜가리가 날아오면 달라졌다. 가냘픈 다리로 얕은 물에 꼼짝 않고 한참 동안 서 있는 모습은 정말 우아해 보인다. 왜가리가 물에 비친 느낌은 한층 서정적이다. 거기에 잎사귀 하나 없이 늘어진 메마른 버드나무 가지들이 허공을 비로 쓸 듯 이리저리 흔들리는 풍경은 그 자체로 시가 된다. 담담한 수묵화의 풍경 같다.

그렇게 잠깐, 적막이 고고함을 이룰 때였다. 느닷없이 왜가리가 화살처럼 머리를 홱 날리더니 먹이를 낚아챘다. 부리 끝에 물고기 한 마리. 나는 화들짝, 현실로 돌아왔다. 고상함은 순간이다.

어느 날이었다. 분위기 좋은 서래섬에서 웨딩 촬영을 하는 커플이 눈에 띄었다. 추운 날씨에도 남자는 정장을, 여자는 흰 원피스를 입고 거리를 두고 서 있었다. 두 사람은 천천히 서로를 향해 걸어가 마주 서게 되자 꽃을 건네고 포옹하는 장면을 연출했다. 언뜻 드라마 〈도깨비〉의 바닷가 장면 같은 분위기도 났다. 손에 든 하얀 꽃은 메밀꽃 같았다.

바람 부는 강가에서 수수한 메밀꽃을 주고받는 선남선녀. 내 마음까지 설레는 것 같았다. 마음속에 남아 있던 낭만이 퐁당퐁당 뛰었다.

흔적이 상처만 뜻하지는 않기에

그때부터 서래섬은 내 첫사랑이 되었다. 정말 서래섬이 좋았다. 오늘은 또 어떤 모습일까. 두근거림과 조바심에 찾아가면서 더딘 내 발걸음을 탓했다.

꾸불꾸불한 길, 호수, 한강의 푸른 물결, 심지어 말라서 죽어 가는 나무들도 멋있었다. 봄의 유채꽃밭을 지나 메밀꽃밭과 초록 나무, 한겨울의 메마른 나무도 다 아름다웠다.

맑은 날 푸른 하늘에 흰 구름이 둥둥 떠 있는 모습은 더 이상 바랄 게 없는 풍경을 만들어 냈다. 그러면 나는 둥그런 벤치에 앉아 한강을 향해 두 팔을 뻗고 큰 숨을 들이켰다. 속초 앞바다도, 제주도 앞바다도 이보다 더 아름답지 않을 것이다. 서래섬이 내게는 속초요, 제주도였다.

자리를 조금 옮겨 지붕이 있는 의자형의 그네에 앉아 보았다. 깊숙이 기대어 흔들림에 몸을 맡기니 마음이 평온해졌다. 눈앞에 펼쳐진 푸른 잔디밭에 아이들과 강아지들이 뛰놀고, 멀리 한강에는 작은 요트들이 떠 있었다. 이렇게 아름답고 편안한 경치가 또 어디에 있을까. 그것도 차를 타거나 비행기를 타고 멀리 가는 것이 아니라 걸어서 갈 수 있는 곳에…. 이런 곳을 알게 되고 내가 누릴 수 있는 것이 얼마나 큰 행운인가.

 2020년 여름, 내 사랑 서래섬은 참담한 피해를 입었다. 엄청난 집중호우로 한강에 대홍수가 났다. 내 어여쁜 섬은 간데없고 개흙으로 뒤덮인 진창만 남았다. 정말 슬펐다.

 며칠 있다 굴착기가 들어와 산책로에 가득 찬 개흙을 걷어 내는 작업을 했다. 그런데 걷어 낸 개흙을 처리할 방법이 없었는지 임시방편으로 아래쪽 호숫가로 밀어 놓고는 가 버렸다. 시간이 지나 또 비가 오고 물이 흘러내리면서 그 개흙은 천천히 호수로 쓸려 내려갔다. 호수 바닥은 점점 높아져 비가 여러

날 안 오면 시커먼 개흙 바닥이 드러나 흉측하기까지 했다. 개흙을 치울 때 조금만 더 앞날을 생각했더라면 이런 참사는 일어나지 않았을 것이다.

그뿐이 아니다. 초록 잔디밭도 완전히 개흙을 뒤집어썼다. 잔디를 파내고 새로 심는 공사를 하는 모습들을 몹시 안타깝게 지켜봐야 했다.

시간이 지난 지금 서래섬은 예전 모습을 많이 되찾았다. 산책로에 물 빠지는 고랑이 설치되었고 새로 깐 잔디는 언제 그

진짜 반딧불로 착각하고 서울 도심에서 반딧불을 볼 수 있다는 것에 깜짝 놀랐다. 나중에 허밍웨이가 시작되는 길바닥에 '반짝반짝 반딧불이 가득한 산책길'이라고 불빛으로 쏜 글자들을 보고서야 그 정체를 알아챘다.

천천히 길을 따라가다 보면 나무 사이로 반딧불이 떠다녔다. 어른이든 아이든 빛으로만 날아다니는 반딧불을 잡으려고 이리저리 손을 내밀었다. 반딧불은 언제 보아도 정겹다.

예전에 남편과 함께 말레이시아 코타키나발루 투어를 한 적이 있었다. 낮에는 섬에 가서 바다 밑에 들어가 물고기를 보는 스노클링을 했다. 밤에는 배를 타고 나가서 반딧불을 보는 색다른 경험을 했다. 요즘 같으면 드론쇼를 보는 느낌이랄까?

배에서 불빛으로 신호를 보내면 갑자기 깜깜한 곳에서 큰 나무만 한 크기의 반딧불 떼가 나타났다 사라지고는 했다. 반딧불 떼를 지휘할 수 있다는 것은 정말 근사한 일이었다.

2020년 여름, 서초구에서 산책길 가로등 공사를 하면서 아쉽게도 이 반딧불은 사라졌다. 가로등을 훨씬 더 밝은 LED 등으로 교체했고, 가로등 사이사이에 낮은 정원등을 설치해서 더 밝고 운치 있는 길로 만들었다.

11월 어느 날, 해가 진 후 이 길을 걷는데 갑자기 반딧불이

랬냐는 듯 푸르다. 아래쪽 낚시꾼을 위한 낮은 산책로도 대부분 회복되었다. 봄이면 섬 가득히 노란 유채꽃이 향기를 뿜으며 바람에 살랑살랑 흔들리는 모습을 볼 수 있다. 가을이면 또 하얀 메밀꽃들이 한강을 배경으로 아름답게 피어 많은 사람들을 불러들인다.

아직 회복되지 않은 것은 개흙으로 가득 찬 호수다. 파란 하늘이 호수에 비치는 아름다운 그 모습을 잃어버렸다. 호수 속으로 넓게 퍼져 버린 개흙을 어떻게 치울 수 있을까. 누가 그 물속의 개흙들을 다 퍼낼 수 있단 말인가. 그저 비가 많이 와서 물의 수위를 높여 호수의 개흙을 감추는 것 말고는 방도가 없어 보인다.

개흙으로 뒤덮였던 서래섬과 어느 정도 회복된 지금의 서래섬을 보면 마치 나 자신을 보는 것 같다. 서래섬은 이상운동증후군으로 심하게 아팠다가 회복되고 있는 나와 비슷한 처지이다. 처음에는 근육이 마구 떨려 남 보기에도 표시가 날 정도였는데 지금은 겉으로는 멀쩡하다. 물론 속은 아직도 아프지만. 그래서 서래섬에 가면 좋으면서도 한편으로는 마음이 아픈, 두 마음이 생긴다.

이제는 서래섬에 가려면 미리 날씨를 살펴본다. 가능하면 비가 온 다음 날을 잡는다. 물이 불어 개흙이 보이지 않으면 옛

날의 서래섬 같은 분위기가 났다. 눈 가리고 아웅 하는 것 같지만 비가 와서 개흙이 안 보이는 모습이 더 편했다. 어쩌면 내 상처를 애써 덮고 싶은 것인지도 모르겠다.

    그래도 서래섬이 좋다. 나의 아팠던 모습과 지금 회복되고 있는 모습을 다 보여 주기 때문이다. 서래섬은 여전히 나의 첫사랑이다.

괜찮아,
그게 바로 나니까

잠 못 드는 사람에게는 밤이 길고
피곤한 사람에게는 길이 멀고
어리석은 사람에게는 생사가 길다.
그는 바른 법(진리)을 모르기 때문이다.
- 《법구경》〈우암품〉에서

후회도 선물처럼 사랑해야지

한 여인이 새벽기도를 하다 흐느껴 울었다. 그녀는 남편 없이 가난 속에서도 아이들 잘 키우고, 공사판, 노점상 일자리라도 얻게 해 줘서 감사하다는 기도를 늘 드렸다고 했다. 그런데 나이 들어 돌아보니 어려운 형편을 봐주던 사람, 그녀가 일자리를 얻는 바람에 빈손으로 돌아간 사람, 노점 단속반에 끌려가 벌금을 물었던 사람들이 떠올랐다고 했다. 그래서 내가 잘된 것에 그저 감사만 했다면서 자신의 죄를 고백했다.

"저는 평생 감사하면서 살았나이다."[*]

이러한 지순함에 견줄 바가 안 되지만, 나 또한 지나온 길을 보니, 내 부족함을 탓하고, 불의한 자가 잘 되는 것에 분노하고, 내 뜻대로 안 되는 것을 한탄했다. 이것이 옳다 그르다, 시비에 연연하느라 바빴다. 그러느라 내 인생에서 받은 것을 다 헤아려 보지 못했다. 이제껏 제대로 감사하며 살지 못했다. 다행인지 아픈 몸이 그동안 놓쳤던 감사를 다시 찾아 주려는 것 같았다.

---

[*] 박노해의 시 〈감사한 죄〉에서 빌려와 다시 쓴 이야기이다.

길을 나서면서 슬며시 겁이 났다. 이제 집 주변의 길 중에서 제법 긴 걷기를 해야 한다.

"글쎄, 과연 콧노래가 나올까?"

12월 9일은 반포천 윗길인 피천득 길을 넘어 이수사거리에서 동작역에 걸쳐 있는 '허밍웨이'까지 가기로 했다.

"반포천 제방 길의 새로운 이름, 허밍웨이Humming Way. 뜻 그대로 '콧노래가 나오는 쾌적한 길'이라는 뜻입니다. 지하철역으로 향하는 아침 출근길, 집으로 향하는 저녁 퇴근길, 늘 즐거운 콧노래가 나오는 길. 그리고 가벼운 운동을 할 때도 기분 좋은 콧노래가 나오는 길. 매일매일, 허밍웨이에서 당신의 콧노래를 들려주세요."

허밍웨이 길을 설명하는 위 표지판에는 여성들이 행복한 길이라 '여행女幸 길'이라고 쓰여 있었다.

허밍웨이의 길 오른쪽은 콧노래 악보인 양 오선과 음표가 계속 이어지도록 디자인되어 있었다. 또한 한 사람씩 앉을 수 있는 작은 벤치들을 두 개씩, 세 개씩 만들어 놓았다. 오래된 나무들이 많고 키가 크고 우거져서 시원하고 좋은 향기가 났다. 길 폭이 좁아서 그런지 나무들 키가 훨씬 커 보였다.

이 길을 걷다 보면 아름드리 커다란 나무들이 반포천 쪽으로 거의 45도 아래쪽으로 휘어져 있는데, 그곳은 벚꽃이 피어도 예쁘고 단풍이 들어도 아름답다. 이곳을 사진 찍어 단톡방에 올리면 다들 정말 멋지다고 했다.

이 길의 매력은 키 큰 나무들이 가지가 휘어서 세모꼴을 이루는 모습이다. 왼쪽의 나무는 오른쪽으로, 오른쪽의 나무는 왼쪽으로 휘어져 멀리서 보면 길쭉한 세모꼴 모양이 된다. 씨름 선수들이 어깨를 맞대고 있는 것 같기도 하고, 한껏 팔을 들어 올려 건너편 친구의 손을 잡으려는 모습처럼 보이기도 한다.

삼각형이 세상에서 가장 완벽한 도형이라고 했던가. 세 각의 합이 180도를 이루는 완벽함, 영원불변의 공식을 가진 도형. 내가 보기에 나무들이 삼각형을 이루는 이 길이 제일 멋진 곳 같다.

나뭇가지에 벚꽃이 피든 초록 잎이 달리든, 가을에 단풍잎이 물들어도, 아름다움은 변하지 않았다. 세모꼴은 한 번만 보이는 것이 아니라 길을 걸으면 자꾸 나타난다. 세모꼴 하나를 지나 걷다 보면 또 다른 세모꼴이 나타나고, 또 걷다 보던 또 세모꼴…. 그래서 나름 이렇게 정의를 내렸다.

"허밍웨이는 세모꼴이다."

이 길에는 특이한 것이 하나 더 있었다. 여름밤이면 초록빛 반딧불이 반짝거리는 모습을 볼 수 있었다. 처음 보았을 때는 반짝반짝하며 나타났다. 그럴 리가 없는데 하고 다시 보니 예전 그 반딧불이었다. 이번에는 보일 듯 말 듯 살짝만 설치해 놓은 것이 훨씬 더 진짜 같았다. 또다시 깜빡 속을 뻔했다.

반갑다 얘들아!

한강의 모든 것, 구름 위의 산책

허밍웨이에 간 이후로는 거의 매일같이 동작역까지 걸었다. 어느덧 동작역 1번 출구 앞 의자는 내가 물도 마시고 운동도 하는 놀이터가 되었다.

어느 날 앉아서 쉬다 보니 '여기서 3분만 가면 동작 구름카페가 있다'는 안내판이 눈에 띄었다. 친절하게도 화살표를 연달아 붙여 놓았다.

왼쪽, 오른쪽, 다시 곧장! 무슨 보물찾기라도 하듯 화살표를 소리 내 읽으며 따라갔더니 눈앞에 높은 계단이 따악! 거의 스무 칸씩 3단계 계단을 올라가는 코스였다. 아, 엘리베이터가 어디 없을까? 나로서는 지레 겁먹을 정도로 엄청 힘든 일이었다. 결국 같이 간 두 사람이 내 팔을 잡고, 끌고 밀고 하면서 올라가기 시작했다.

그렇게 계단을 다 올라서니 바로 동작대교 위였다. 아래는 올림픽대로인데 차들이 쌩쌩 달려 무서운 느낌이 들었다. 드디어 건물 아래쪽보다 위쪽이 더 큰 가분수 모양의 동작 구름카페가 나왔다.

카페 1층은 반포대교를 보고 앉는 자리들이 있었고, 여의도가 보이는 2층에서는 간단한 음료와 간식을 팔았다. 3층으로 올라가면 다시 반포대교를 바라보는 자리들과 함께 M 출판사 책들이 꽂혀 있었다. 반대쪽인 4층에도 책장 가득 책이 있어 골라서 읽기도 하고 구매할 수도 있었다.

한층 더 올라가면 탁 트인 옥상에 좌석들이 있었다. 사랑의 자물쇠도 눈에 띄었는데 연인들이 많이 오는 것 같았다. 마침 영국 리버풀에서 왔다는 외국 여성도 만났다. 그녀는 한강을 바라보는 전경이 매우 아름답다며 좋아했다.

동작대교를 가운데 두고 맞은편에는 '동작 노을카페'라는 쌍둥이 카페가 있다. 모양도 시설도 똑같다. 노을카페에서는 여의도 쪽이 잘 보이고, 구름카페에서는 반포대교와 한강공원 쪽이 잘 보인다. 남편과 나는 3층에서 동작대교를 배경으로 사진을 찍고 물을 마시며 앉아서 쉬었다.

나는 구름카페가 더 좋았다. 구름카페에서 내려다보면 서래섬이 잘 보이고, 억새밭도 볼 수 있었다. 창 앞에 앉아서 차를 마시며 책을 보고 즐기기에 더없이 훌륭한 장소였다.

마침 가고 싶었던 스페인 산티아고 순렛길이 생각나 파울로 코엘료의 《순례자》를 찾아 읽어 보았다. 코엘료가 산티아고 길을 걷는 체험과 자아를 찾아가는 여행을 비유해서 쓴 것 같았다. 그런데 서문만 읽어도 어렵다는 느낌이 들었다. 책 소개 중에 목표보다 그 목표를 향해 가는 길이 중요하다는 인상적인 글귀가 있었다. 그는 목표를 향해 움직일 때 목표보다 길에 집중하는 것이 중요하다고 언급하면서, 길은 언제나 최선의 방법을 가르쳐 주고 우리를 풍성하게 해 주기 때문이라고 썼다.

나에게도 해당되는 말일까? 이 병이 나으면 꼭 산티아고 순롓길에 가 보고 싶다. 그 길을 걷고 나면 나에게 어떤 변화가 찾아올지 정말 궁금하다.

책들을 이리저리 살펴보다가《개인주의자 선언: 판사 문유석의 일상유감》과 소설가 김영하의《여행의 이유》등을 샀다. 문유석의 책은 내가 개인화 현상에 관심이 많아 연구하고 있기도 하고, 우리나라에서 자신을 개인주의자로 선언하는 사람이 있다는 것에 끌렸다. 김영하의 책은 그동안 여행을 많이 하다가 코로나19로 인해 못 하게 되어 다시 여행에 대해 생각해 보는 계기가 될 것 같았다.

어느새 동작 구름카페는 쉬어 가는 장소에서 사유하는 공간이 되었다.

뙤약볕 흙길을 누군가 걷는다면

다시 내려와 길을 나섰다. 걸음마다 낮게 먼지를 푸석푸석 일으키지만 그래도 흙길이 좋다. 발밑에 자잘한 돌멩이의 저항이 느껴지는 것도 기분 나쁘지 않다.

억새밭이 있는 흙길은 처음에는 그저 시골길 같다고 생각하며 걸었다. 그런데 시간이 지나면서 이 흙길에 정이 들기 시작했다. 길은 길게 굽어 있어 동작대교에서 서래섬 쪽으로 걸을 때는 앞에 높은 아파트 단지가 보인다. 시골 같은 호젓한 분위기가 금방 깨어지는 느낌이 있지만, 조금만 걸으면 길이 왼쪽으로 꺾이면서 콘크리트 덩어리는 시야에서 사라지고 다시 시골길 같은 분위기로 돌아온다.

반대로 서래섬 쪽에서 동작대교 쪽으로 걸을 때는 멀리 산이 보이고, 억새밭과 길가의 풀꽃들만 보인다. 정말 시골길 같다. 그래서인지 이 방향으로 걷는 것이 훨씬 기분이 좋았고, 사진도 주로 이쪽에서 많이 찍었다.

늦가을과 겨울 내내 흙길에서는 갈색의 억새밭밖에 볼 수 없었다. 그러다 봄이 되니 흙길 양쪽으로 여러 가지 풀과 꽃이 새록새록 올라오기 시작했다. 처음에는 토끼풀로 뒤덮인 듯했다. 그런데 자세히 보니 보통 토끼풀보다 더 크고 분홍색 꽃이

피는 붉은토끼풀이었다.

여름으로 가면서 반포천 아랫길에 피어 있던 빨간 개양귀비 꽃이 이곳에도 피기 시작했다. 반포천에서는 멀리 언덕 위에 있는 것만 보았는데, 여기서는 바로 길가에 있어서 자세히 볼 수 있었다. 색깔은 빨간색, 오렌지색 등 다양하고, 여러 색깔이 섞인 것도 피어났다.

한여름이 되자 불볕더위 아래 초록은 더욱 짙어지고, 자그마한 이름 모를 풀꽃들이 분홍색, 푸른색, 흰색으로 너도나도 피어나 서로 어우러져서 그 또한 싱그러운 여름다웠다. 그래서 이 길을 더욱 좋아하게 되었다.

언젠가 친구와 같이 이 길을 걸어가는 뒷모습을 찍은 적이 있다. 단톡방에 올린 사진을 보고 한 친구가 "마치 산티아고 길 같네."라고 했다. 그 말을 듣고 보니 '맞아. 이 길이 산티아고 길이구나!' 하는 생각이 들었다.

사람들이 별로 없는 시골의 흙길이기도 하고, 여름 땡볕에 땀을 뻘뻘 흘리며 걸어야 하는 고행길이기도 했다. 서울에는 휘몰아치는 찬바람을 그대로 맞으며 견뎌야 하는 길. 내 마음속에 푸석푸석 흙먼지가 날리는 길. 언제까지 걸어야 할지 모르는 길.

가만 보니 그 길을 내가 걷고 있었다.

2장

우리들, 함께 가는 길

유년의 뜰에서 가져온
온기

내 집에는 의자가 세 개 있다.
하나는 고독을 위한 것, 둘은 우정을 위한 것, 셋은 친교를 위한 것이다.
뜻밖에 손님이 여럿 찾아왔을 때에도 내놓을 의자는 셋뿐이었지만,
대개는 서 있어서 방을 효율적으로 쓸 수 있었다.
작은 집에 얼마나 많은 위대한 남녀가 들어오는지 놀라울 뿐이다.
내 지붕 아래 한 번에 스물다섯 또는 서른 명의 영혼을
그들의 몸과 함께 들인 적도 있다.
하지만 우리는 서로 너무 가까이 있다는 것을
느끼지 못한 채 헤어지곤 했다.
- 헨리 데이비드 소로, 《월든》에서

소꿉친구들과 다시 '소녀시대'로

추억은 떠오르는 인상이나 경험을 건지는 일이다. 기억 저편에 가라앉아 있거나 단단히 굳어 있는 것들은 추억되지 않는다. 그렇게 가라앉아 있는 무엇들은 일부러 지워 버리고 싶었거나 가슴을 울리지 않았던 것일 수 있다.

하지만 어린 시절의 경험은 기쁘거나 슬프거나 모두 추억이 된다. 애써 감출 필요도 없고 이해관계나 수지타산을 셈하지도 않기 때문이다. 무엇보다 살아오면서 그것들이 나를 힘들게 할 만큼 대단한 일들이 아니었다는 검증을 이미 거쳤기 때문일 수도 있다. 어린 시절 경험을 하나둘 건져서 펼쳐 보는 것은 나이 들어 할 수 있는 즐거운 특권 중 하나이다.

친구가 가장 절실하게 생각날 때는 언제일까.

앞서 말했듯이 2019년 6월에서 9월은 몸 상태가 가장 나빴던 시기였다. 가족들의 사랑과 위로가 있었지만 내 머리 속에는 극단의 상황까지도 떠올리는 불안과 두려움이 가득했다. 무슨 뾰족한 답변을 기대한다기보다는 고립감에 지쳐 어쩌면 그저 누굴 붙잡고 아무 의미 없는 말이라도 하고 싶었던 것 같다.

친구를 보고 싶었지만 아픈 모습을 드러내기 싫었고, 사실 그럴 경황도 안 되었다. 어릴 적 친구들, 고등학교·대학교 때 친구들, 살면서 이런저런 인연으로 만난 친구들, 치열한 지성의 열전에 동참했던 동료들. 모두 잘 지내고 있을까.

시간은 무심하게 흘러갔다. 어떻게 알게 되었는지 친구들은 알음알음으로 위로의 날개를 펼치며 다가오고 있었다. 내 상태도 바태 운동과 꾸준한 산책을 통해 조금씩 나아지면서 친구들을 하나둘 만날 수 있게 되었다.

정애는 까마득한 옛날, 초등학교 1학년 때부터 친구였다. 초등학교 들어가기 전, 나의 부모님은 언니 오빠와 함께 안동에서 살고, 나는 할아버지 할머니가 계신 경북 선산에 남아 있었다. 할아버지가 기다란 담뱃대를 두드리며 "계집애가…" 하고 나무라실 때는 무섭기도 했다. 그런데 내가 여덟 살이 되어 가는 데도 학교에 보내려 하지 않으셨다. 나마저 떠나 버리면 적적할까 봐 아홉 살쯤에나 근처 학교에 보낼 생각이신 것 같았다.

어느 날 오빠가 와서 "오빠하고 안동 학교에 갈래?" 하고 물었다. 나는 곧바로 "응!" 하고는 오빠 손을 잡고 안동으로 떠나와 버렸다. 할아버지 할머니가 얼마나 서운했을지 어리기만 했던 나는 헤아리지 못했다.

막상 안동에 오니 아는 친구 하나 없고 할 일도 없었다. 엄마는 이웃에 사는 내 또래 아이 정애를 소개해 주었다. 우리는 보자마자 단짝 친구가 되었는데, 마침 바로 앞집에 서울에서 이사 온 파마머리 멋쟁이 친구도 함께 어울렸다. 우리 셋은 같은 학교 1학년 1반이 되었다.

교실에서는 보통 한 책상에 두 명씩 앉지만 우리는 맨 앞자리에 셋이 앉아서 같이 공부하고 같이 놀았다. 어느 날 남학생 한 명이 전학을 왔는데 선생님이 같이 앉을 사람을 물었다. 우리 셋은 약속이라도 한 듯 일제히 손을 번쩍 들었다. 세 사람이 한꺼번에 손을 들자 그 아이는 어쩔 줄 몰라 으앙— 하고 울음을 터트렸다.

2학년에 올라갈 때 정애와 나는 다른 반이 되었다. 나는 '할 수 없지.' 하고 덤덤했던 반면 정애는 울고불고 난리가 났다. 결국, 학교에서 정애를 나하고 같은 반으로 옮겨 주었다. 우리는 그렇게 떨어져서는 못 사는 사이였다. 하지만 얼마 안 되어 정애네 집은 안동을 떠나 이사를 갔다. 그때 정애는 얼마나 울었을까. 참 정이 많은 아이였다.

정애를 다시 만난 것은 좋은 학교로 이름난 안동사범병설중학교에서였다. 각 학교에서 일등 하는 학생은 무시험으로 들어갔는데, 나와 정애는 그렇게 입학했다. 다시 만난 우리는 더욱 친하게 지냈다.

당시 우리 학교는 남학생 대여섯 반에 여학생은 한 반밖에 없었다. 남도는 우리와 같은 반이었다. 남도는 키는 작지만 이목구비가 선명하고 예뻐서 남학생들에게 인기가 많았다. 정애도 그랬다. 나는 그저 공부 잘하는 아이일 뿐이었다.

졸업 후 남도는 나와 같은 여고에 진학하고 정애는 다른 고등학교에 진학했다. 우리는 오랜 세월 동안 만나지 못했다.

2019년 4월, 놀랍게도 인연이 다시 이어졌다. 한 동창이 보낸 청첩장 덕분에 정애와 연락이 되었고, 결혼식장에서 반가운 옛 친구들을 만났다. 정애가 기왕이면 남도와 함께 또 만나자고 했다.

5월, 우리 셋은 역사적인 재상봉을 할 수 있었다. 나는 몸 떨림으로 인해 병원에서 검사를 하느라 조금 늦게 도착했다.

우리들의 '소녀시대'는 다시 시작되었다. 양재역 근처에서 만나 청국장을 먹고, 커피를 마시고, 끝도 없는 이야기에 시간 가는 줄 몰랐다. 근처 작은 숲에서 사진도 찍었다. 남도가 이제 한 달에 한 번씩 만나자고 제안해서 모두 좋다고 했다. 몸이 좀 불편하긴 했지만 6월에도 집 근처에서 만났다. 같이 점심 먹고, 아파트 정원을 돌아다니며 사진을 찍고, 연못가에 앉아 음료수를 마시며 즐겁게 보냈다. 하지만 약속했던 8월에는 내가 너무 심하게 아파서 아무것도 할 수 없었다.

이렇게 한동안 만나지 못하다가 12월이 되어서야 정애와 남도를 겨우 만나게 되었다. 나는 혼자 밥을 먹지 못해서 둘을 집으로 초대해 점심을 같이 먹고 단풍이 남아 있는 정원을 거닐며 사진을 찍고 즐겼다. 남편이 따라다니며 예쁜 곳마다 우리를 세워 놓고 사진을 찍어 주었다. 우리는 그저 만남 자체로 행복했다.

우리는 2020년 새해에 다시 만나기로 하고 헤어졌다. 그러나 코로나19가 발생하여 또 오랫동안 만나지 못했다. 그래도 이제는 카카오톡도 전화도 할 수 있으니 얼마나 다행인가.

소꿉친구 정애의 어머니는 나의 어머니와 친구 사이였다. 그분은 오래 사시다가 몇 년 전에 돌아가셨다고 했다. 나의 어머니도 조금만 잘 보살펴 드렸으면 오래 사셨을 텐데… 막내딸의 손주들이 크는 모습도 보고, 대학 들어간 모습도 보셨으면 얼마나 좋았을까.

아쉬움과 후회, 부러움이 뒤섞여 밀려왔다.

여고 시절 푸릇함은 세월이 가도

마음속에 있는 말까지 터놓고 이야기할 수 있는 친구가 몇이나 될까? 나한테는 여섯 명의 고등학교 친구들이 있다.

이 친구들과의 모임은 2000년에 시작했다. 맨 처음에는 당시 유행하던 인터넷 카페를 개설해 고등학교 동창들을 초대했고 11월에 번개팅을 해서 많은 친구들을 만났다.

카페 개설 1주년 여름에는 멋진 정원이 있는 친구 집에 초대되어 근사하게 보냈다. 나는 기념으로 10명에게 '패티김 콘서트'를 쐈다. 해를 거듭해 5주년 때는 그동안 카페에 올라온 글을 묶어 자료집을 만들어서 나눠 주기도 했다.

카페는 고등학교 동기생들의 동창회 카페를 대신할 만큼 커졌다. 인사동이 단골 번개팅 장소였는데 같이 밥 먹고, 웃고 떠들고, 선물을 나누기도 하면서 몇 시간을 즐겁게 보냈다. 그저 아무 말이나 해도 깔깔 웃음이 나오고 손뼉을 치며 맞장구가 저절로 나오는 친구들이다.

겪으면서 정이 든다고, 열심히 글을 올리는 친구들끼리 더욱 친해지는 경향도 있었다. 잠이 안 오는 밤에는 카페에 이런저런 이야기를 쓰고, 친구들이 올린 재미있는 글에 서로 댓글도 달았다. 나 역시 때로는 슬프고 깊이 있는 글들을 읽으면서

평소에 잘 몰랐던 친구도 알게 되었다. 카페는 추억의 공간이자 함께 나이 드는 친구들이 공감과 위로를 나누는 따뜻한 사랑방이었다.

많은 친구들 중 우리 몇 명이 결정적으로 친밀해진 계기는 2003년 여름쯤이 아니었나 싶다. 그때 친구의 친구 덕분에 콘도를 빌리고 이야기를 나누며 밤을 새웠다. 아름다운 자연과 집을 떠나온 자유로움이 우리를 더욱 가깝게 만들었던 듯하다. 얼마나 좋았는지 카페에는 이런 후기가 올라왔다.

"고백합니다. 친구들 몇이 추억 여행을 다녀왔습니다. 많은 친구가 함께 가지 못한 것이 마음에 걸려 사진도 못 올리고 있었지요. … 노자가 '곡신불사谷神不死'라고 했는데, … 산과 골짜기가 아름다웠고, 솟아오르려 하지 않고 자신을 굽혀 남을 위해 사랑과 배려를 베푸는 친구의 삶이 아름다웠습니다. 감동, 그 자체였습니다."

물론 여러 변화도 있었다. 2002년경 봄봄이란 친구가 자녀 교육을 위해서 중국 베이징으로 떠났다. 나도 2002~2003년 연구년을 다녀온 후 베이징에 자주 왕래하게 되었는데 그사이 점점 카페 회원이 줄어들었다. 그래도 내가 2004년에 한양대학교 사회대 학장이 되었을 때 여러 친구들이 축하하러 왔다.

그 후 스마트폰 시대가 되고 문자 메시지는 카카오톡으로 연락 방법이 바뀌게 되면서 카페보다는 단톡방이 소통의 창구가 되었다. 그래도 2012년 1월까지는 번개팅을 계속했다.

끝까지 남은 대여섯 명이 아주 친해졌는데, 마침 박물관장을 하며 부산에 살던 목헌이라는 친구가 서울로 오면서 우리

팀은 더 탄탄해졌다. 덕분에 비비안 마이어Vivian Maier 사진전, 안토니 가우디Antoni Gaudi 전시도 함께 보는 등 문화 행사를 많이 다녔다.

친구들은 모두 개성이 강했다. 봄봄은 중국어를 잘하고 중국 문화에 식견이 높아 베이징에서 나를 많이 도와주었다. 목헌은 문화에 대해 박식했다. 귀마님이라는 친구는 다정다감하고 친화력이 있어서 우리를 똘똘 뭉치게 하는 능력이 있었다.

여유라는 친구는 남을 잘 배려해서 기분 좋게 해 주었다. 또 취현이란 친구는 국전 초대작가까지 지낸 서예가였다. 어쩌다 모임에 나올 때마다 작은 한지에 쓴 글씨부터 부채에 쓴 작품까지 다양하게 선물로 주곤 했다. 그에 비하면 나는 가끔 밥 사는 것밖에 할 줄 모르는 참 멋없는 친구였던 셈이다.

2009년경 베이징에 갔던 친구가 자녀의 대학 졸업과 함께 귀국했다. 우리는 거의 매달 모임을 할 수 있었고 더욱 가깝게 지냈다. 내가 2013년 2월 정년퇴직을 했을 때 근사한 레스토랑에서 축하도 해 주었다.

취현이 고려시대 승려 혜근惠勤, 나옹懶翁의 시를 부채에 써서 선물해 주었다. 이제 정년퇴직도 했으니 다 벗어 버리고 홀가분하게 살라는 말이었다. 진작 그 말을 들었어야 했다.

청산은 나를 보고 말없이 살라 하고
창공은 나를 보고 티 없이 살라 하네.
탐욕도 벗어 놓고 성냄도 벗어 놓고,
물같이 바람같이 살다가 가라 하네.

날 위해 울어 주는 친구가 있다니

몸 상태가 몹시 나빴던 여름 내내 모임에 나가지 못했다. 그랬더니 친구들은 내가 걱정되고 궁금한 모양이었다. 9월 모임을 끝내고 잠깐 들러도 되겠냐는 전화가 왔다. 와도 괜찮다고 했더니 두 친구가 왔다. 내 형편이 어떤지 알지 못해 둘만 살짝 왔다는 것이었다.

친구들은 내가 앙상하게 말라 보행기를 타고 있는 모습을 보고 깜짝 놀랐다. 과일 조각을 다른 사람이 먹여 주는 것을 보고는 무척이나 안타까워했다. 친구들은 그래도 이만하길 다행이라고 위로해 주었다. 나를 누구보다 잘 아는 친구들의 방문은 정말 마음에 힘이 되었다.

그런데 나머지 다른 친구들이 함께 못 온 것을 섭섭해 한 모양이었다. 10월 모임을 끝내고 이번에는 넷이서 집에 찾아왔다. 장미꽃 세 송이와 커다란 사과대추, 먹을 것이 한 아름이었다. 나는 여전히 보행기를 탔고 간식도 다른 사람이 먹여 주었지만, 그렇게라도 보니 친구들은 안심이 되는 모양이었다. 그 마음이 정말 고마웠다. 한 친구는 격려금을 넣은 봉투를 놓고 갔다.

11월에는 처음 찾아왔던 두 친구가 또 찾아왔다. 독실한 기독교인인 친구는 집에 들어오면서 "이 집안에 평화가 있기를…." 하며 기도했다.

말하고 먹는 내 모습을 보며 많이 좋아졌다고 기뻐하면서 눈물을 흘렸다. 원래 마음이 따뜻하고 남에 대한 배려심이 많은 친구였다. 그 친구의 아들도 몇 년 전부터 많이 아파서 입원과 퇴원을 반복하고 있는 터라 더욱 울컥한 것 같았다.

나아진 내 모습을 보고 너무 좋아 울어 주는 친구가 있다니. 마음이 뭉클해졌다. 나는 다른 이의 불행이나 행복에 진정으로 공감해서 울어 준 적이 있던가? 나로서는 쉽지 않은 일이었다. 친구의 진심 어린 공감의 눈물에 정말 고맙고 행복한 마음이 들었다.

이렇게 꼬박꼬박 찾아 주는 친구들 덕분에 연말이 따듯해졌다. 12월에는 집 근처에서 모여 크리스마스 분위기가 나는 레스토랑에서 사진을 찍고, 친구가 쓴 서예 작품을 선물받았다. 여러 가지 글들이 있었는데 나는 "이것 역시 곧 지나가리라"라는 글을 골랐다. 나의 병이 빨리 지나가기를 빌면서.

나는 헤어지는 아쉬움을 달래면서 12월 27일에는 집으로 오라고 초대했다. 내가 식사를 같이하기 어려우니까 밥은 먹고들 오라고 했다.

약속한 날 친구들이 오자 남편이 따라다니며 여기저기서 사진을 많이 찍어 주었다. 우리 동 앞의 기암괴석과 억새가 우거진 앞뜰정원, 단풍은 없지만 그래도 정취 있는 오솔길, 대나무 숲 앞, 분수는 멈췄지만 오리가 유유히 헤엄치며 놀고 있는 연못가에서 우리들의 한때를 기억에 남겼다.

그러다 다리도 쉴 겸 아파트 내 구름카페에 가서 차를 마셨다. 다들 조그마한 선물을 준비해 와서 모아 놓고는 한 사람씩 돌아가며 선물을 골랐다. 아이들처럼 기대에 부풀어 선물을 풀어 보는 재미도 쏠쏠했다. 마지막에는 쇼핑센터에 가서 부츠 쇼핑까지 했다. 그러나 2020년 1월 말에 코로나19가 유행하면서 우리들의 만남은 계속해서 미뤄졌다.

아프게 되니 자꾸만 옛일이 생각났다.

고3 때인가, 학교 생활관에서 며칠 예절 교육을 받은 적이 있었다. 사진을 찾아보니 마지막 날에 어머니들을 초대해서 함께 찍은 것이 남아 있었다.

사진 속 나의 어머니는 쪽을 찌고 계셨다. 당시에는 파마머리가 유행해서 비녀 꽂은 어머니가 촌스럽다고 생각했었다. 끝까지 옛것을 지키셨던 어머니의 단아한 모습에 울컥 그리움이 일었다. 엄마 하고 부르면 여전히 눈을 맞추며 환히 웃어 주실 것 같았다.

어른이 되면
어른의 마음이 필요해

네가 기쁘고자 한다면 너와 함께 어울리는 사람들의
좋은 점을 생각해 보라. 예컨대, 누구는 활달하고 누구는 겸손하며,
또 누구는 관대하고, 또 누구는 다른 좋은 성품이고.
우리와 함께 살아가는 사람들의 성품 속에 여러 좋은 점이 있고,
그것들이 여기저기에 많이 표현될 때만큼 기쁜 때는 없기 때문이다.
그러므로 그것을 늘 머릿속에 간직해 두어라.

- 마르쿠스 아우렐리우스, 《명상록》에서

귀룽나무 아래서 만난 대학 동창들

어른이 되어 만난 친구들은 은근히 속이 깊다. 때때로 계산적이고 형식적으로 관계를 이어 가고 있는 것 같지만 지나고 보면 보이지 않는 배려가 있었음을 알게 된다. 모두들 삶의 모퉁이에서 눈물과 회한의 순간들을 어떻게든 지나왔기 때문에 다른 이의 작은 허물을 감싸고 덮어 줄 수 있는 것이다.

사는 게 다 똑같지 않다지만 한 발짝 뒤로 물러서든 앞으로 나가든 크게 다르지 않다는 것을 안다. 그래서 작은 실수나 미운 짓이나 비틀어진 마음이 보일지라도 기꺼이 둥글게 아우르는 지혜를 발휘할 수 있는 것이다.

청춘! 가장 빛나던 시절은 너무나 훌쩍 지나갔다. 그 시절을 공유했던 대학 친구들은 언제 다시 보아도 청춘의 기억을 그대로 소환해 준다.

대학 동창들과는 정기적인 모임이 있었다. 학교 다닐 당시 여학생이 적었던 영문학과, 사학과, 심리학과 친구들 여섯 명의 만남이다. 이 모임은 2003년부터 시작했지만 나는 2007년경부터 참석했다. 두 달에 한 번씩 모였는데 보통은 식당에서, 봄에는 한 친구의 가평 별장에서, 가을에는 올림픽공원에서 만

났다. 그러다 연말이 되면 정이라는 친구가 멋진 곳에서 한턱을 내는 식으로 만났다.

내가 대학 현직에 있으면서 가끔 불참할 때도 회비는 꼬박꼬박 냈는데 그렇게 모은 적립금이 꽤 된다고 했다. 그런데 오랫동안 총무를 하던 친구가 파킨슨병에 걸려, 앞으로는 모은 돈을 먼저 다 쓰고 그다음부터는 돌아가면서 내기로 했다.

친구의 가평 별장에 가는 날은 모두들 들뜬 기분이었다. 소풍날보다 몇 곱절 즐거웠다. 오일장에 맞춰 가서는 두릅, 달래, 곰취 등 각종 봄나물을 잔뜩 샀다. 취나물은 워낙 인기가 좋아 친구가 미리 옆집에 부탁해서 큰 보따리로 준비해 놓은 걸 나눠서 가져왔다.

별장에 도착하면 달래된장찌개를 끓이고 고기를 구워 곰취에 싸 먹었다. 입안에 향이 맴도는, 어디에도 비할 바 없는 맛이었다. 차츰 식사 준비가 힘들어지자 가평 가는 길에 맛집에서 점심을 사 먹고, 집에서는 차만 마셨다. 가평을 오가며 맛있는 음식과 차를 나누던 그 시간은 다시 생각해도 참 좋았다.

2017년 4월 무렵에는 가평에 가려고 다 모였는데 정작 별장 주인이 나타나지 않았다. 좀 늦게 와서는 혈압이 너무 높아서 아무래도 못 가겠다고 했다. 출발을 기다리던 우리는 모임을 취소할 수 없어서 목적지를 바꿔 아침고요수목원으로 갔다. 그것으로 봄에 가평 가는 것은 중단되었다.

파킨슨병에 걸려 걸음이 느려진 친구도 있고, 모두들 나이도 들고 하여, 봄가을에는 올림픽공원으로, 다른 계절에는 식당에서 식사하고 차를 마시거나 근처 미술관에 가는 것이 전부였다.

나까지 몸이 아프게 되니 모임이 더더욱 침체되는 게 아닌가 싶었다. 그래도 정이라는 친구가 크리스마스 때면 최고급 호텔 뷔페나 일식집에 우리를 초대해서 멋진 분위기에서 함께 식사했다. 내가 아팠던 2019년 12월에도 근사한 식당에 초대했는데 나는 혼자서 밥 먹는 것이 힘들어 남편과 함께 갔다. 덕분에 밥도 잘 먹고 사진도 많이 찍을 수 있었다.

2020년이 되었지만 코로나19로 모임을 가질 수 없었다. 모든 모임을 취소하고 집에만 있으면서 단톡방을 통해 서로 소식을 알렸다. 경이라는 친구는 글솜씨가 좋아 가끔 맛깔스러운 글을 올려 모두를 즐겁게 해 주었다.

집이 가까운 영이는 우연히 서래섬에서 만나기도 했다. 미루나무 길이 좋다고 초대했더니, 4월 24일쯤에 정이, 영이, 현이가 와서 같이 미루나무 길과 서래섬을 산책하기도 했다.

5월 16일은 올림픽공원에서 모이는 날이었는데 친구들이 하나둘 못 온다고 알려 와서 나와 연이만 참석했다. 연이는 몸이 불편한데도 아름답고 화려한 작약꽃밭과 장미화원으로 잘 안내해서 내 마음을 환하게 밝혀 주었다. 그 후 9월에는 번개팅으로 영이와 현이가 함께 우리 동네에 놀러 와서 정원 구경을 하기도 했다.

10월 12일부터 코로나19로 인한 통제가 1단계로 떨어졌다. 다시 모임들이 시작되어 10월 28일에 드디어 올림픽공원에서 모임을 갖게 되었다. 이번에는 오랜만에 여섯 명이 모두 나와서 더욱 반가웠다.

우리가 주로 가는 아지트는 커다란 귀룽나무 아래였다. 평화의 문에서 만나 만국기가 반원형으로 둥그렇게 걸려 있는 광장을 거쳐 곰말다리를 건너면 바로 귀룽나무가 나타난다. 이 희귀한 귀룽나무가 그늘을 드리우는 시원한 벤치에서 보는 전망은 무척 훌륭하다. 힘차게 분수를 뿜어 올리는 88호수와 만국기가 펄럭이는 건너편의 광장이 한눈에 들어온다.

우리는 서로 안부를 묻고 이런저런 이야기를 나누고 사진도 찍었다. 매년 봄이면 오던 올림픽공원인데 이제는 힘이 들었다. 좀 걷다가 벤치에 누워서 팔 돌리기 등 운동을 하다가 또 걷다가 하였다. 친구들은 걱정스럽게 보다가도 그나마 같이 걸을 수 있는 것에 놀라고 나와 줘서 고맙다고 했다.

한 친구의 어머니가 고혈압으로 돌아가셨다. 고혈압 약을 드시다가 괜찮아지니까 다 나은 줄 알고 더 이상 드시지 않았다고 했다. 친구는 계속 약을 복용하며 관리했어야 했는데 그렇게 하지 못해 후회된다고 했다.

  나는 더 후회스럽다. 어머니가 고혈압으로 쓰러지셨을 때 한 번도 병원에 모시고 간 적이 없다. 도대체 나는 무슨 생각을 하고 있었을까? 어머니에게서 나왔는데 어머니가 편찮으실 때 아무것도 모르고 있었다니…. 회한이 가슴에 사무친다.

파리에서 온 다정한 미란 씨

2019년 10월이었다. 프랑스에서 유학하고 프랑스 문화에 정통한 미란 씨가 찾아왔다. 그녀의 남편은 사회학을 했지만 프랑스에 관한 책을 여러 권 써서 유명한 작가가 되었다.

이들은 2000년대에 우리 부부가 해마다 파리에 갔을 때 오르세 미술관을 비롯해 뤽상부르 공원, 로댕 미술관, 오랑주리 미술관(모네 미술관), 마리 퀴리의 집 등 많은 곳을 안내해 주며 함께 다녔고, 집에 초대해 한식을 대접하기도 했다.

미란 씨는 2016년 우리가 엑상프로방스에 머물고 있을 때 찾아왔다. 그녀는 아를에 오래 있어 봐서 잘 안다면서 그곳에 같이 가자고 했다. 아를까지는 2시간 정도 걸렸다.

제일 먼저 그녀가 예전에 묵었던 원형경기장 밑에 있는 민박집을 소개해 주었다. 1층인지 2층인지 모를 거실에 있다가 정원으로 나오니 좁지만 파란 하늘이 보이는 게 인상적이었다. 거기서 아를 여성들이 많이 입는 하얀 원피스를 판다고 해서 사 왔다. 미란 씨는 프랑스에 살았던 경험과 그때 알았던 사람들의 이야기를 토대로 《파리의 여자들》이라는 책을 냈다. 매우 잘 팔려서 중쇄를 찍었다고 했다.

나의 신경과 병을 확실히 알게 된 것도 이들과 함께 있을 때였다. 2018년 12월 초, 이 부부가 집 근처에 놀러 왔다기에 같이 차를 마셨다. 카페 밖에 앉아 있었는데, 춥다고 느끼기 전부터 이미 내 몸은 이가 부딪칠 정도로 떨고 있었다. 이들은 내 몸의 떨림에 관심을 보이며 걱정해 주었다.

시간이 늦어, 집으로 초대해 저녁을 먹으면서 이야기를 계속했다. 서로 친밀한 사이라서 남편들은 사회학계의 숨은 뒷이야기부터 한국의 사회학사를 써 보겠다는 야심찬 계획 등 많은 이야기를 허심탄회하게 나눴다. 이후로도 내 건강에 대해 물으며 틈틈이 도움을 주고는 했다.

10월 4일 미란 씨가 우연히 안부 전화를 했다가 내가 아프다는 말을 듣고는 집으로 찾아왔다. 내가 좋아하는 홍시를 터질까 봐 조심스레 싸 들고 왔다. 미란 씨는 얼마나 말을 재미있고 사랑스럽게 하는지 그냥 듣고만 있어도 마음이 즐거워졌다.

나는 건강이 많이 좋아져서 은영 씨와 함께 운동하는 모습을 보여 주었다. 그녀는 여러 재미있는 이야기와 위로의 말을 해 주고 갔다. 근처에 살았을 때는 가끔 만났는데, 멀리 단독주택으로 이사 간 후로는 만나기가 쉽지 않았다. 그래도 자주 전화하고 안부를 물었다.

여행 친구들과 나눈 소소한 일상

10월 29일에는 '여린회' 친구들이 찾아왔다. 이 모임은 남편의 중고등학교 친구들 모임에서 만난 아내들이 따로 뭉치면서 시작되었다.

나는 2004년에 남편 쪽의 부부 동반 모임에 처음 참석한 뒤 2006년에 장가계 여행에 함께했다. 그때 서로 별명까지 지으며 터놓고 지내다가 2013년에 홋카이도 여행을 가면서 더욱 친해지게 되었다.

오랫동안 일본에서 근무한 회원 한 분이 우리를 일본 구석구석으로 안내해 주었다. 프랑스의 프로방스에 있는 라벤더 밭을 일본에서도 볼 수 있었던 것이 특히 인상적이었다. 보라색 라벤더뿐만 아니라 흰색, 빨간색, 노란색 등 여러 색깔의 꽃들이 어울려 멋진 줄무늬 카펫을 펼쳐 놓은 것 같았다.

2016년에는 시코쿠로 여행을 갔다. 일본 근대사의 영웅 사카모토 료마의 고향인 고치에 들렀고, 벚꽃 구경을 했고, 다카마쓰에 있는 유명한 일본 정원인 리쓰린 공원도 방문했다.

2년 후에는 다시 홋카이도로 떠나서 기차를 타고 눈 쌓인 일본 최북단의 왓카나이부터 운하와 유리공예로 유명한 오타루까지 종횡무진 다녔다. 국내 여행도 함께했는데 아산의 팝콘

공장, 아름다운 바다와 커피로 유명한 강릉과 말로만 들었던 영랑호, 강화도 전등사를 갔다.

2019년 2월 말에는 후쿠오카 여행을 같이 갔다. 아소산의 연기가 나는 분화구를 구경하고, 높은 산 위에 있는 전통 일본식 숙소, 야자수가 있는 바다 옆 호텔, 과거 번주(다이묘)의 집이었다는 호텔 등에 묵었다. 그때 몸이 약간 떨렸지만 여행을 할 정도는 되었다.

이렇게 여행을 통해 친해지자, 2016년 분당에 사는 친구의 초청을 계기로 아예 부인들만의 모임을 만들었다. 누구의 부인들이 아니라 그냥 친구들이 된 것이다.

집에 초대받는다는 것은 그만큼 특별한 사이라는 뜻이다. 정원이 있는 2층집이었는데 집 안팎에 꽃과 식물이 가득했다. 멋진 실내장식이 있었고, 찻주전자와 찻잔도 고급스럽고 품위가 있었다.

그 후로 돌아가면서 점심을 사며 친분을 쌓았다. 과천의 정원이 예쁜 식당, 신구대학 식물원, 예술의전당이 보이는 전망 좋은 쌀국수집 등에서 만났으며, 일부 친구는 선물을 돌리기도 했다.

한번은 우리 집 근처에 모여서 매화와 명자꽃이 빨갛게 피어 있는 아파트 단지 내 정원을 구경했다. 그러고는 반포천 길로 올라가서 벚꽃을 감상하며 봄을 만끽했다. 2019년 3월에도 모여 멋진 식당에서 함께 점심을 하고 담소를 나눴다. 어떤 분은 맛있는 김과 갓김치 등을 선물로 보내 주었다.

남편은 친구들이 나의 건강을 매우 걱정하고 있다고 알려줬다. 친구들은 이제나저제나 내가 낫기를 기다리다, 조금 나아졌다는 소식을 듣자마자 바로 보러 왔다. 나는 반갑고도 고마워 조금이라도 덜 아프게 보이려고 환한 분홍색 점퍼를 입고 단지 안에 있는 구름카페로 나갔다.

그 덕분인지 친구들은 내가 생각했던 것보다 괜찮다면서 안심하는 눈치였다. 나는 요양보호사의 손을 잡고 다니면서 아파트 단지를 안내했다. 우리는 분수가 뿜어 나오는 연못가에서 사진도 찍고 신발 자랑도 하면서 정원을 둘러보았다. 남편은 우리를 따라다니며 한 순간이라도 놓칠세라 사진을 계속 찍었다.

나이 들어 안부를 물어 주는 친구들이 있다는 것은 참 복된 일이다. 병세가 심할 때는 핸드폰을 사용하는 것조차 어려웠지만, 손가락 마비가 좀 풀린 후부터는 카카오톡을 이용해 계속 안부를 주고받았다.

세월이 갈수록 오래된 인연이 편안함을 주는 것 같다.

옛 동지들은
오늘도 의연하고

(태종이 인재를 등용함에 있어 사람들이 스스로 천거하는 것은
어떠냐고 신하들에게 물으니) 위징이 말했다.
"다른 사람을 아는 사람은 지혜로울 뿐이지만,
스스로를 아는 사람은 총명하고 사리에 밝습니다.
사람을 안다는 것은 원래 어려운 것이고,
자신을 아는 것 또한 쉽지 않습니다.
더욱이 어리석고 사리에 어두운 사람은 모두
자신의 재능과 선행을 자랑하니,
얄팍한 경쟁의 풍속만 조장할까 두렵습니다.
그러니 자신을 천거하는 일은 불가합니다."

- 오긍, 《정관정요》〈택관〉에서

평화여성회, 우리들의 그리운 금강산

마라톤이나 스피드스케이팅 매스 스타트 같은 운동경기에서는 치열하게 달리는 선수 옆에 누군가 있는 것을 볼 수 있다. 선수로 같이 뛰면서 경쟁자의 경기를 돕는 페이스메이커이다. 또한 축구나 육상경기를 보면 어떤 카메라맨은 선수들보다 더 빠르게 앞쪽에서 뛴다. 그래야 화면을 잡을 수 있기 때문이다.

때로는 누군가를 주인공으로 만드는 사람 역시 진짜 실력자일지 모른다. 잠깐씩 각자 뛰어야 하는 인생 트랙이 다를 뿐이다. 일정이 끝나면 그들은 한 모금의 샴페인이든 쓴잔이든 함께 나눈다.

11월 18일에는 전 '평화를 만드는 여성회(평화여성회)' 대표였던 K와 L이 찾아왔다. 2002년부터 2007년까지 거의 5년 동안 나와 함께 평화여성회의 공동 대표로 활동했던 분들이다. 5년간 온갖 고락을 함께 겪으면서 동지가 된 친구들이다.

그런데 공동 대표 임기가 끝나니 서로 바쁘고 하는 일이 달라 한자리에서 만나기가 힘들어졌다. 2008년 무렵 만났을 때 두 분은 또 다른 활동을 위해 준비 작업을 하고 있다고 했다. 그렇게 이리저리 바쁘다 보니 오랜 시간이 지난 2018년 6월에야 연락이 닿았다.

우리는 그간의 소식과 당시 돌아가는 평화운동에 대해 많은 이야기를 나눴다. L 대표는 평화여성회 이후에 '여성외교포럼'이라는 단체를 만들어서 활동했고, 그 후 '민주평화통일자문회의(민주평통)'에서 새로 생긴 여성부의장을 맡았다. 대통령 자문도 맡고 있어서 2018년 9월에 문재인 대통령과 함께 평양에 가고 백두산도 다녀왔다고 했다. 나도 노무현 대통령 때 민주평통에서 여성위원장을 맡아 개성공단을 방문하고 해외나 지방의 평통 회의에 참여했었다. 그때만 해도 여성부의장은 없었다.

K 대표는 평화여성회 이후 사단법인 '조각보'를 만들어서 탈북 여성과 이주 여성들을 위한 '포럼 디아스포라Diaspora: διασπορά'를 중심으로 활동하고 있었다. 이 단체에는 나도 고문으로 이름을 얹어 놓고 아프기 전까지 행사에 참여하고는 했다.

"아니, 이게 뭔 일이야?"

두 분은 깜짝 놀랐다. 오랜만의 재회였지만 첫인사도 건너뛰었다. 내가 그저 어디 많이 아픈가 보다 생각하고 왔던 모양이다. 그런데 내가 보행기를 타고 있는 걸 보고는 무척 안타까워하며 걱정을 많이 했다.

나는 천천히 밖으로 나가 곱게 단풍이 든 정원과 연못으로 두 분을 안내했다. 그랬더니 이번에는 내가 생각보다 건강해

보인다며 꾀병 아니냐고 유쾌한 농담을 했다. 한바탕 웃음꽃이 피었다. 우리가 산책하는 동안 내 그림자 수행원이자 전담 사진사인 남편이 사진을 찍어 주었다.

그분들은 인공으로 만들어진 진경산수 금강산 앞에서 한참 머물며 감동을 나눴다. 평화여성회에서 활동하는 동안 남북 여성 교류를 위해 수차례 금강산에 다녀왔던 터라 감회가 남달랐을 것이다.

지난 일이지만 한때 평화여성회 이사장을 맡아 달라는 부탁을 받은 적이 있다. 당시 대표였던 C 씨가 집까지 찾아와 권유했지만 거절했다. 그 뒤로 L 대표는 그 일을 공동 대표를 했던 내가 꼭 해야 했었다며 나무라기도 했다. 그러나 지금 생각해도 후회하지 않는다. 오히려 그때 거절하기를 잘했다고 생각한다. 그때 이미 내 몸과 마음에는 스트레스가 쌓이고 있었는지도 모른다. 또한 내 성격이 활발하게 돌아다니며 활동해야 하는 시민운동하고는 조금 거리가 있었다. 그보다는 자리에 앉아 책 읽고 연구하는 것이 더 체질에 맞았다.

여교수, 녹슬지 않는 시간을 위하여

가을이 점점 느릿해지고 있었다. 겨울이 그 뒤에서 슬슬 준비를 하고 있을 것이다. 시간은 고무줄처럼 늘어지다가도 갑자기 빠르게 튕겼다. 옛 친구들을 만날 때는 더 종잡을 수 없이 탄성이 붙는 것 같았다.

11월 말 무렵에 옛 동료들인 한양대 여교수회 회원들이 찾아왔다. 이 여교수회 모임이 시작된 데는 사연이 있었다.

한양대는 예전부터 공대, 의대 등 이공 계열이 주류를 이루는 대학이라 내가 재직했을 때에도 여교수들 수가 상대적으로 적었다. 특히 사회과학 계열의 사회대에는 두세 명뿐이었다. 그래서 전공은 달라도 여교수들끼리 서로 무엇을 하는지, 협력할 것이 있는지 알아보고 힘들 때 도울 수 있는 네트워크를 만들면 좋을 것 같았다.

나와 뜻을 같이하는 여교수들이 모임을 만들기로 하고, 2007년 12월 준비위원회를 구성했다. 곧이어 모든 여교수들에게 메일을 보내 참여 의사를 타진하고, 어떻게 운영하면 좋을지 의견을 물으면서 정관을 준비했다. 2009년 3월 추진위원회를 구성하고, 4월에 드디어 여교수회를 창립했다.

여교수회에서는 자신이 어떤 연구를 하고 있는지, 어떤 문제에 관심이 있는지 돌아가며 발표하고 토론하기로 했다. 그러나 실제로 운영해 보니 젊은 교수일수록 바빠서 참석하기 어려웠다. 처음에는 참석자가 많았지만 이런저런 일정이 겹치다 보니 점점 참석 인원이 줄어들었다.

사실 의학·간호학·경영학·사회학·의류학·식품영양학·실내디자인학 등 다양한 전공의 여교수들이 모여 있어서 학문적으로나 생활 면에서 도움 되는 것들이 많았다. 하지만 끝까지 모임에 나온 회원은 10명 이하였다. 야심차고 화려하게 시작했던 모임이 결국 친목 활동으로 바뀌었다. 그렇게 남은 여교수회 회원들은 대학 밖에서 하는 다양한 활동이나 종교, 정치 문제도 이야기하는 돈독한 사이가 되었다.

2013년 내가 은퇴하면서 여교수회는 사실상 핵심 주체가 사라진 셈이었다. 1년에 서너 번씩 만나다가 나중에는 두 번 정도에 그쳤다. 나 역시 베이징대학에서 1년에 한 학기씩 3년간 강의하느라 서울을 떠나 있는 시간이 많아졌다. 한동안 뜸하다가 2016년 다시 연락을 했더니 마지막까지 함께했던 현직에 계신 몇 분들이 나왔다. 너무나 반갑고 기뻤다.

그사이 한두 분이 정년퇴직을 해서 이제는 확실한 친목 모임이 되었다. 그러다가 2019년 6월에 모임을 가졌는데, 당시만 해도 내 몸이 심하게 나쁜 편은 아니었다. 모임에서 몸이 떨리는 신경과 질환이 있다는 이야기도 나눴다.

11월 25일 모임 때는 초여름에 만났을 때보다 몸 상태가 나빠져서 식사를 함께 하기가 어려웠다. 그래서 점심은 각자 먹고 우리 집에 와서 정원의 단풍을 감상하자고 했다. 그런데 의대 정년 후 다른 곳에 취업한 분이 바빠서 간단히 짜장면이라도 같이 먹었으면 좋겠다고 했다. 손님을 집으로 초대하는 일은 드물었지만 내가 혼자 힘으로 밥을 먹을 수 없으니 다른 방안이 없었다.

'간단히 짜장면'이라고 했지만 정말 짜장면을 대접할 수는 없어서 점심을 준비했다. 다섯 분과 함께 집밥으로 점심을 같이 했다. 음식이 맛있다며 따로 샐러드 소스의 레시피를 묻기도 했다. 식사 후에는 중국에서 가져온 철관음차와 그분들이 선물로 가져온 흑임자떡, 일본 과자 등을 맛있게 먹었다.

우리는 정원으로 나가서 아기단풍이 곱게 물든 오솔길과 노란 단풍이 푹신하게 쌓인 단풍 길을 걸었다. 오래된 터줏대감 나무도 보고, 폭포가 떨어지는 금강산에서 사진도 찍었다. 의대 교수였던 분은 아쉽게도 단풍 길만 보고 자리를 떴지만, 남은 분들은 어린아이로 돌아간 것처럼 함께 단풍놀이를 했다.

다음 모임은 2020년 6월 8일이었는데 코로나19의 영향으로 모이기가 쉽지 않았다. 현직 교수들은 온라인 수업 준비에 평소보다 2배 이상 시간이 걸린다고 했다. 한 분만 빼고는 모두 사정상 참석하지 못했다. 그래서 단출하게 둘이서 아파트의 싱그러운 6월을 구경하고 서래섬으로 갔다.

우리는 서래섬의 잔디밭 테이블에 앉아 멋진 분위기에서 샌드위치를 먹었다. 서래섬으로 나온 것이 신의 한 수였다. 그분 역시 서래섬이 마음에 든다며 남편과 다음에 또 오겠다고 했다.

언제 코로나19가 끝나서 마음대로 만날 수 있을까.

미래를 미리 안다고 해도

얼마 전 시간 여행자들이 등장하는 드라마 〈아웃랜더〉를 보았다.

이야기는 1940년대에 영국에서 살던 여자가 스코틀랜드에 여행 갔다가 어떤 돌기둥을 만지면서 시작된다. 그녀는 1740년대 스코틀랜드로 가서 결혼을 하고 전쟁 때문에 다시 영국에 돌아와 20년을 산다. 그러다 200년 전의 남편이 살아 있다는 기록을 보고는 다시 과거로 돌아간다. 황당한 설정이었지만 '역사를 바꿀 수 있을까?' 하는 생각에 빠져들게 했다.

미래에서 과거로 간 사람이 미래를 바꾸려고 노력하는 것은 어떤 의미가 있을까. 드라마에는 미래 시점에서 역사가 된 과거를 바꾸려는 사람들의 타임 슬립이 나온다. 예를 들어 1746년 4월 스코틀랜드의 컬로든에서 벌어진 전투 이야기가 그렇다. 이 전투로 영국의 하노버 왕조에 대항하던 최후의 자코바이트 반란이 진압되면서 스코틀랜드가 망한다. 미래에서 간 스코틀랜드인 주인공들은 이 전투를 정의롭지 않은 불행한 역사로 판단하고 이를 바꾸기 위해 열심히 노력한다.

먼저 파리에 가서 반란의 우두머리인 찰스 왕자가 반란을 일으키지 못하도록 돈줄을 막으려고 한다. 그것이 실패하자 이번에는 스코틀랜드로 가서 컬로든 전투를 막기 위해 전날 밤에 공격하려고 시도하지만 대세를 거스르지는 못한다.

마지막으로 공격 당일 아침에 찰스 왕자를 막기 위해 독이 든 차를 마시도록 꾸미지만 역시 실패한다. 결국 컬로든 전투가 벌어지고 수많은 스코틀랜드인들이 죽는다. 일어날 불행을 미리 알고 어떻게든 막으려고 노력했지만 역사를 바꿀 수는 없었다.

드라마에서 개인사는 달랐다. 여자 주인공은 1960년대에 남편을 찾아 200년 전의 과거로 돌아간다. 나중에 그 딸도 어머니와 아버지의 불행한 부고 기사를 보고 관련 사건을 막기 위해 200년 전으로 시간 여행을 떠난다. 많은 사건 사고와 우여곡절을 겪지만 커다란 역사적 흐름과 별 관련이 없는 이런 사소한 경우는 미래를 바꾸는 데 성공하는 것 같다.

역사에 대한 평가라는 것은 무엇일까. 그것은 시대에 따라서 달라지는 것일까? 세계 어느 나라는 역사 분쟁과 역사 왜곡이 일어나고 있고 우리나라도 예외는 아니다. 시대마다 시대정신이 있다고 말하는 사람도 있고, 시대의 담론이 있다고 주장하는 사람도 있다(푸코). 역사 왜곡은 있어서는 안 될 일이지만 시대의 담론은 다른 이야기인 것 같다.

역사는 준비하는 자들의 것이라고 했다. 많은 선각자와 사회운동가는 미래를 바꾸기 위해 노력한다. 나도 한때 여성운동에 몸을 담았었다.

드라마에서처럼 미래를 미리 안다고 해도 역사를 뒤집기는 어려울 것이다. 하물며 한 치 앞을 모르는 오늘의 상황에서 역사의 큰 흐름이 어떻게 되리라고 단언할 수 있겠는가. 그저 역사의 희미한 방향 정도만을 볼 수 있을 것이다.

오늘의 역사에 대한 평가는 다음 세대에게 맡기는 것이 현명하다. 지금 나에게는 그럴 힘도 없다. 그렇다고 해도 내가 오늘에서 내일로 부는 희미한 변화의 바람결조차 느끼지 못하지는 않을 것이다.

지성이 소멸하는
그날까지

행복은 소소한 것들로 이루어진다.
사랑스런 입맞춤, 미소, 다정한 눈길, 장난스런 농담 같지만
진심 어린 칭찬, 즐거움과 따스함이 깃든
작은 행동 같은 소소하고 금방 잊히는 것들로.
- 새뮤얼 테일러 콜리지, 〈즉흥시인〉에서

지적 욕구를 채워 주는 연구 토론 모임

어찌 보면 젊은 시절에는 과학이 어울릴지 모른다. 과학은 수많은 갈래 길 중에서 한 길로만 달려야 하고, 누구든 동일한 결과가 나오도록 명확하게 검증 가능해야 한다. 반면 나이가 들어서는 인문학이 꽤 잘 어울린다. 인문학은 빈틈없는 이론보다 통찰과 이해가 중요하고, 누구나 다 똑같을 필요가 없는 다양성이 인정되고, 한 가지 원칙만이 진리라고 말하지 않는다.

인문학은 사실을 이야기할 뿐만 아니라 그 너머의 의미를 공유하려는 것이기도 하다. 공유된 의미를 수많은 사람들이 공감하면 그것은 가치가 된다.

나는 2019년 5월 중민재단에서 했던 발표 이후 연구 활동에서 완전히 손을 놓았다. 이상운동증후군과 싸우느라 아무것도 할 수 없었다. 그러다 조금 정신을 차릴 정도가 되자 가끔 책을 읽고 글을 쓰고 싶다는 생각이 들었다. 그런 지적 욕구를 채워 준 것이 여교수 10명의 모임인 '여성인문사회연구모임(여인사모)'이었다.

이 모임은 1980년대에 교수가 되고 얼마 지나지 않아서 대우재단의 지원을 받아 독회 reading club로 시작되었다. 하지만 각자 강의와 연구에 너무 바빠 한동안 모임이 중단되었다가 은퇴 후에 다시 연구 토론 모임으로 재정비되었다.

2015년 11월 첫 모임을 마치고 만남을 계속하는 방안과 모임의 성격에 대해 논의했다. 각각 다른 전공과 소속 대학을 고려해서 처음에는 돌아가면서 책을 읽고 토론하기로 했다. 또 공통 주제 안에서 각자 관심 있는 주제나 책을 골라 발표하고 토론하기도 했다. 서로 전공이 다르다 보니 새로운 분야의 책을 만나는 즐거움이 컸다. 다른 사람의 발표에 눈이 번쩍 뜨일 때도 있었다. 듣고만 있어도 큰 도움이 되는 모임이었다.

회원 중에 글을 잘 쓰는 분이 있었다. 전에 그분의 수필집 《아, 순간들》을 선물받은 적이 있는데, 책에서 자신의 어머니를 아름답게 담아냈다. 쪽머리를 하고 깨끗한 하얀 한복을 차려입어 늘 곱고 단정했던 모습을 표현한 글이었다. 어머니에 대한 사랑이 얼마나 지극했으면 그렇게 하나하나 어머니와의 순간들을 기록할 수 있었을까.

그에 비하면 나는…. 어머니에 대한 일기도 없고, 어머니가 언제 처음 쓰러지셨는지, 얼마나 편찮으셨는지도 모르고 살았다. 어머니에 대한 사랑은커녕 관심조차 부족했던 것이다. 아프고 보니 이것이 너무나 후회된다. 아, 다시 어머니 생전으로 돌아갈 수 있다면….

9월 18일, 몸이 아프기 시작한 이래 첫 바깥나들이를 했다.

몇 달 만의 만남인가! 모임을 시작하기 전에 늘 함께 식사부터 했지만 나는 혼자 식사하기 힘들어서 집에서 점심을 먹고 나갔다.

아직은 조금만 앉아 있어도 힘이 들어 보행기를 잡고 서 있어야 했고, 몸이 떨리고 자꾸만 땀이 났다. 남편이 옆에서 땀을 닦아 주고 빨대가 있는 물병을 입에 대 주며 거들었다. 그래도 끝까지 버티고 서서 발표를 듣고 사진도 같이 찍었다.

다들 나보고 살이 너무 많이 빠졌다며 안타까워했다. 그러면서도 쌍꺼풀이 생겨 더 예뻐 보인다며 농담도 했다. 오랜만에 모임에 참석하니 몸도 마음도 많이 좋아진 것 같아 뿌듯했다. 계속해서 10월과 11월 모임에도 참석했다.

그런데 2020년 1월 말에 코로나19가 크게 퍼지면서 3월부터는 모임을 비대면으로 하게 되었다. 비대면 모임이 익숙하지 않은 분이 있어서 집에 와서 같이 하자고 했더니 좋다고 했다. 또 이참에 가까이 사는 분이나 서울에 있는 분이 다 모이는 것도 괜찮을 것 같았다. 그래서 점심은 모여서 같이 못 하지만 비대면 모임 시작 전에 아파트 정원 투어를 하자고 초청했다.

남편이 기꺼이 사진사로 나서서 사진을 찍어 주었다. 오솔길을 걸어 연못가에 가서 흐드러지게 피어 있는 마거리트꽃

앞에서 사진을 찍었다. 구석에 숨어 있는 작은 연못들과 그 주위에 피어 있는 보라색 꽃창포도 같이 둘러보았다. 축조 금강산 옆에 자주색 작약꽃이 아직 남아 있어서 또 사진을 찍었다. 결국 대면, 비대면을 병행한 모임이 되었다.

모임 회원 10명 중에서 외국에 나가 있거나 다리를 다친 2명을 제외하고 8명이 참석했다. 참석하지 못한 두 분에게는 따로 정원 투어를 약속했다.

시간이 지나 외국에 있던 분이 우여곡절 끝에 귀국했다. 2주간의 격리 기간이 끝난 뒤 아파트 정원 투어에 모셨다. 이왕이면 서래섬도 가자고 해서 샌드위치와 주스를 준비했다. 그분이 가져온 예쁜 테이블보를 깔고 음식을 차려 놓으니 근사한 피크닉 분위기가 만들어졌다.

돌아올 때는 동작대교 아래와 '더리버'를 잇는 흙길을 거쳐서 허밍웨이 길, 피천득 산책로를 걸어왔다. 걷기로는 누구에게도 뒤지지 않는다고 생각했는데 그분은 나보다 더 잘 걸었다. 다리도 더 튼튼해 보였고 까맣게 태운 피부도 건강하게 보였다.

사진을 단톡방에 올렸더니 "그 테이블보, 누구 작품이에요?" 하고 물었다. 아름다운 서래섬이 테이블보에 밀려 의문의 일패를 당했다.

코로나 시대에 《페스트》를 읽다

"이 사진 좀 봐, 거리에 사람이 하나도 없어!"

대구에 사는 친구가 카카오톡으로 번화가 거리를 찍은 사진을 보내왔다. 중국 후베이성 우한에서 시작된 코로나19는 미국과 유럽 등 전 세계로 퍼졌고, 2020년 1월 19일 국내에도 최초로 확진자가 나타났다. 처음에는 한두 명인가 싶었는데 점점 심상치 않은 기세를 보였다. 그러더니 2월 들어 갑자기 대구에서 확진자 수가 폭발적으로 늘어난 것이다.

사람들로 바글바글하던 대구 중심가 동성로는 사진 속에서 완전히 인적이 끊긴 유령 거리처럼 보였다. 대구에서는 특히 신천지 교회에 다니는 신자들 중에서 확진자가 많이 나왔다. 아, 그 신천지? 언젠가 반포천을 산책하다 본 대형버스가 생각났다. 버스는 신천지 교육생이 10만여 명이 넘었다는 광고를 붙인 채 꼼짝 않고 며칠 동안 서 있었다.

시간이 지나자 대구뿐만 아니라 서울에서도 코로나19가 확산되기 시작했고, 전국적으로 퍼져 나갔다. 점차 일상생활이 제약을 받기 시작했다.

나는 2003년 연구년으로 중국 베이징에 있을 때 봉쇄와 차단 속에서 사스의 공포를 경험했다. 2015년 메르스 사태도 겪어 보았지만, 이번에는 이 모든 것들보다 더 센 전염병인 것 같았다. 모임이 하나둘 연기되더니 몇 안 되는 친구 모임이 대부분 취소되었다.

2019년 7월부터 일주일에 2~3일씩 다니던 바태 스튜디오도 2020년 2월 23일부터 당분간 쉬기로 했다. 덩달아 바태 가는 날 한의원에 들러 약침 맞는 것도 중단했다. 또 3월 23일 예정했던 주치의 진료는 8월로 연기되었다. 갑자기 모든 것이 불확실해졌다. 전염병의 대유행이라는 검은 그림자와 함께 불안한 봄이 오고 있었다.

나는 알베르 카뮈의 《페스트》를 읽기 시작했다. 여인사모에서 토론하기로 한 책이었다. 첫 장을 펼치자마자 '전자책으로 살 걸…' 하는 후회가 잠깐 스쳤다. 워낙 분량이 많은 소설이라 그런지 글자가 너무 작아서 읽기가 불편했다. 하지만 그런대로 틈틈이 조금씩 읽어 나갔다.

《페스트》에는 오랑시에 처음 페스트가 번지는 과정, 전염병이 만연하자 오랑시가 봉쇄되면서 공포에 사로잡힌 사람들, 죽은 사람들을 처리하는 방식, 그리고 각각의 자리에서 도피, 초월, 반항 등 서로 다르게 대응하는 모습이 그려진다. 마침내 공동의 노력이 모색되고 페스트로부터 오랑시가 해방되는 과정이 치밀하게 묘사되어 있다.

페스트는 당시 제2차 세계대전을 상징한 것이라고 한다. 도시 봉쇄와 이로 인한 사람들의 반응이 이 둘의 접점이라고 볼 수 있다. 또한 주인공 리유는 카뮈 자신을 투영한 것 같다. 오랑 시는 카뮈의 두 번째 부인인 프란신의 고향으로 카뮈가 자주 방문했던 곳이다.

《페스트》를 읽다 보니 소설 속 모습이 곧 현실처럼 느껴졌다. 페스트에 대한 사람들의 반응과 당국의 대처 방식이 오늘날 코로나19 사태와 놀랍도록 흡사했다. 중국과 유럽 등 많은 나라가 국경을 봉쇄했을 뿐 아니라 식료품을 사기 위한 외출 외에는 집에서 나오지 못하게 했다. 정말 감옥살이 아닌 감옥살이를 시켰다. 초기에 사망자가 많았던 이탈리아에서는 사망자의 장례도 치를 수 없었고, 관이 모자라 구덩이에 마구 쓸어 넣고 묻어 버리는 비정한 일도 벌어졌다.

물론 다른 점도 있다. 코로나19는 날씨가 더워지면 끝날 줄 알았는데 언제 끝날지 아직도 모른다는 것이다. 인명 피해뿐 아니라 경제적인 피해도 엄청나다. 당국의 대응도 봉쇄했다 풀었다 하는 것 외에 할 수 있는 것이 없다. 또 《페스트》에 나오는 의료봉사대 같은 조직은 대구에 일부 있었지만 이제는 대부분 정부 당국에 의존하고 있다.

《페스트》는 오늘날의 코로나19 사태에도 절묘하게 잘 들어맞는 통찰을 보여 준다. 7년에 걸쳐 완성된 이 작품이 발표되던 1947년, 카뮈는 서른네 살이었다. 그토록 젊은 나이에 쓴 책이라고 믿기 어려울 정도이다.

1957년 노벨문학상위원회는 카뮈의 노벨상 선정 이유를 밝히며 "오늘날 인간의 의식에 제기되고 있는 제반 문제들에 빛을 던지는 작품들 전체"에 대해 주는 상이라고 했다.

들판에 선 여인들의 마음에는

2016년과 2017년 프랑스의 엑상프로방스에 있을 때 루르마랭을 방문한 적이 있다. 카뮈의 제2의 고향이기도 하지만 영국인 피터 메일이 쓴 책 《프로방스에서의 일 년》 덕분에 세계적으로 유명해진 조그만 동네이다.

2017년 8월 방문했을 때는 마침 카뮈의 전시회가 열리고 있었다. 카뮈가 생전에 쓴 육필 편지와 일상생활 사진을 볼 수 있었다. 그때만 해도 《페스트》보다 《이방인》에 주로 관심을 가지고 보았는데, 한국어 번역본도 전시되어 있었다.

루르마랭의 들판 풍경은 뭔가 푸근하면서도 정겨운 느낌이 났다. 어쩌면 카뮈는 고향인 알제리와 비슷한 느낌을 주는 곳이라 이곳을 선택했을지 모른다. '카뮈의 길'에는 카뮈의 집이 있었는데 하도 많은 사람들이 찾으려고 해서 찾지 못하도록 아예 표시를 없앴다고 했다. 근처에 있는 그의 소박한 무덤에 가 보니 알제리 출신으로 프랑스에 살면서 느꼈을 이방인의 심정이 전해지는 듯했다. 1913년에 태어나서 1960년에 사망했으니 47세의 젊은 나이에 요절한 것이다. 좀 더 살았으면 더 많은 훌륭한 작품을 썼을 텐데….

어쨌거나 코로나19의 유행이 오는 봄을 막지는 못했고, 나의 산책도 막지 못했다. 아니 산책은 오히려 늘어났다. 그동안 바테 스튜디오 일정 때문에 오전에는 거의 산책하지 못했는데 이제는 오전과 오후, 심지어 저녁에도 산책을 나갔다. 장소도 반포천의 피천득 길, 허밍웨이 길, 산티아고 길, 서래섬 등으로 확대되었다. 그중 봄이 온 것을 처음 느끼게 해 준 곳이 서래섬이었다.

어느 날 서래섬에 갔다가 나물 캐는 여성들을 보았다. 서너 명의 여성들이 옹기종기 모여 추운 겨울을 뚫고 나온 봄나물을 뜯고 있었다. 앉은걸음으로 한 발씩 자리를 옮겨 가며 귀한 보물이라도 찾는 듯 열중하는 모습이었다. 서울 한복판에서 나물을 뜯는 풍경이라니! 무척 따뜻하고 아름다워 보였다.

문득 밀레의 그림 〈이삭 줍는 여인들〉이 떠올랐다. 추수가 다 끝난 들판에서 허리를 굽혀 떨어진 이삭을 하나라도 더 주우려고 하는 가난한 여인들을 묘사한 그림이다. 밀레의 그림 속 계절은 가을이었지만 어딘가 비슷한 정감이 느껴졌다. 어느 땅이든지 식구들을 위해 들판에서 뭐라도 얻고자 하는 어머니의 따뜻한 마음이 아니었을까.

봄은 피어난다. 산책하는 길 여기저기에서 봄꽃과 새싹들이 저들끼리 겨우내 참았던 이야기를 하는지 종알거리며 올라오

기 시작했다. 오랫동안 만나지 못하고 있던 친구가 느닷없이 찾아오는 것만큼이나 반가웠다. 나도 이들과 수다 떨 준비를 해야겠다.

  이제 '삼백예순날 하냥 섭섭해' 울기 전까지는 꽃들의 향연을 즐겨야 하지 않겠는가.

3장

자연의 속삭임, 활짝 핀 생명의 길

겨울을 이겨 낸
저 봄꽃들처럼

옛집을 떠나서 다른 시골의 봄을 만났습니다.
꿈은 이따금 봄바람을 따라서 아득한 옛터에 이릅니다.
지팡이는 푸르고 푸른 풀빛에 묻혀서 그림자와 서로 따릅니다.

길가에 이름도 모르는 꽃을 보고서,
행여 근심을 잊을까 하고 앉아 보았습니다.
꽃송이에는 아침이슬이 아직 마르지 아니한가 하였더니,
아아, 나의 눈물이 떨어진 줄이야 꽃이 먼저 알았습니다.
- 한용운, 〈꽃이 먼저 알아〉

그야말로 벚꽃 엔딩

겨우내 추위를 매화가 제 힘껏 향기로 품어 주는가 싶더니 이내 대기에는 따스한 기운이 감돌았다. 매화는 봄의 예열장치인 모양이다.

3월이 되면 봄을 알리는 봄꽃들이 다투어 피기 시작한다. 아파트 정원에는 노란 산수유꽃이 꽃망울을 퐁퐁 터뜨린다. 분홍색 진달래까지 서둘러 피고 나면 '봄이 진짜 오는구나.' 하는 생각이 든다. 앙상한 나무들 가운데 이 꽃들만 피어 있어 조금 애처로운 느낌도 있다.

그러다 이 꽃이 피면 분위기가 확 달라진다. 똘망똘망 야무져 보이는 새빨간 명자나무 꽃송이가 바로 그 주인공이다. 꽃가지들을 잔뜩 매단 채 큰 무리를 지어 언덕에 서 있으면 강렬한 빨간색 덕분인지 불끈 힘이 솟는다. 꽃이 오래도록 피어 있어서 더욱 그런 것 같다. 여기에 동백꽃마저 거든다면?

반포천 길을 걸을 때였다. 이쪽저쪽 돌아보며 열심히 꽃 탐색을 하는데 멀리서 빨간 꽃이 보였다. 느린 걸음을 있는 힘껏 재촉해서 다가가 보니 붉은 겹동백이었다. 가지가 휘어질 정도로 가득 피어 있었다. 크리스마스에 엄청나게 큰 선물상자를 받은 아이의 흥분 같은 것이 느껴졌다.

그 후로는 마음속에 동백, 동백 하면서 동백을 쫓아다니느라 바빴다. 빨간색만 보면 마음이 쿵쾅거리면서 '동백 아닐까?' 하고 달려갔다. 그러다 이웃 아파트 단지에서 내 키보다 두 배나 더 큰 동백나무들을 발견했다. 빨간 겹동백꽃들이 가지마다 가득했다. 그날의 기쁨을 어떻게 말로 표현할 수 있을까!

꽃은 행복이다. 슬슬 벚꽃이 피기 시작했다. 지난 2019년에는 4월 초순경에 절정을 보였는데 2020년에는 3월 말에 만개했다.

반포천의 피천득 길과 허밍웨이 길에는 오래되고 키 큰 벚나무들이 양쪽으로 쭉 늘어서 있다. 봉오리일 때는 분홍빛이다가 꽃이 활짝 피면 거의 흰색에 가까워진다. 그래서인지 벚꽃이 피면 갑자기 거리가 환하게 밝아진 느낌이 든다. 맞다. 꽃은 언제나 세상을 밝힌다.

벚꽃이 한창 만발할 때에는 환상적인 벚꽃 터널을 만들어 아무리 무심한 사람이라도 저절로 고개를 들고 탄성을 내뱉게 된다. 벚꽃이 질 때 내리는 꽃비는 또 얼마나 눈부시게 아름다운가. 그 화사한 슬픔을 어떻게 표현할 수 있을까. 내가 살고 있는 동네의 벚꽃만으로도 여의도 벚꽃 길이나 진해 벚꽃 축제가 부럽지 않았다. 게다가 벚나무 아래에는 노란 개나리가 함께 피어 황홀함 그 자체였다.

벚꽃 중에도 수양벚꽃은 특히 아름다웠다. 아파트 단지 안에 수양벚꽃은 연못 옆 구름카페 앞에 커다란 한 그루가 있고, 화단 저쪽에 몇 그루가 더 있다. 멋스럽게 늘어진 가지에 핀 핑크색 꽃은 멀리서 보면 조화를 매달아 놓은 것처럼 반짝였다. 하지만 가까이 다가갈수록 비교할 수 없는 우아함이 넘쳤다. 수직으로 내려오는 나긋한 꽃가지가 단정하면서도 고고한 느낌을 더했다.

안타깝게도 수양벚꽃은 다른 벚꽃보다 피는 기간이 짧다. 봄바람에 수양벚꽃이 휘날리며 떨어질 때는 장범준의 노래 〈벚꽃 엔딩〉의 후렴 구절이 저절로 나온다.

"봄바람 휘날리며 흩날리는 벚꽃 잎이 울려 퍼질 이 거리를 둘이 걸어요."

저렇게 많은 꽃들 속에서

수양벚꽃에 한번 홀리니 조금 더 보고 싶어 애가 탔다. 짧은 봄날이 내 갈증과 조급증을 부채질했다. 그래서 수양벚꽃으로 유명한 동작구 국립서울현충원까지 가기로 했다.

3월 29일은 일요일이었는데 수양벚꽃을 보러 가고 싶다고 남편을 졸랐다. 남편은 나와 은영 씨를 현충원에 데려다주었다. 우리는 현충원에 간 김에 2018년 존 던 교수가 왔을 때 같이 참배했던 김대중 전 대통령의 묘소에 들렀다. 남편과 둘이 방명록도 쓰고 참배했다.

남편은 먼저 돌아가고, 나는 수양벚꽃을 실컷 본 뒤 은영 씨와 둘이 소나무 밑에서 쉬고 있었다. 그때 어디선가 익숙한 목소리가 들려 고개를 돌려 보았다.

아니, 이럴 수가! 정말 믿기 어려운 일이 벌어졌다. 넓은 잔디밭 지쪽에서 손주들이 뛰놀고 있었다. 깜짝 놀라기는 아들네 식구들도 마찬가지였다. 이런 우연이 어디 또 있을까. 아무래도 수양벚꽃 요정이 양쪽 집에 무슨 수를 쓴 것 같았다.

나는 다음 날 아침에도 수양벚꽃을 보러 또 현충원에 갔다.

벚꽃 중에서도 가장 늦게 피는 것이 겹벚꽃이다. 아파트 단지 안에도 몇 그루가 있다. 겹벚꽃은 겹꽃인 데다 크기가 벚꽃

보다 훨씬 크고 색깔은 더 진한 분홍색이다. 꽃이 만개할 때면 작은 갈색 잎도 살짝살짝 내밀어 아름다움을 더한다. 그래서인지 하늘하늘한 느낌보다는 탐스럽고 풍성하며, 마음까지 꽉 채워 주는 느낌이다.

　벚꽃과 함께 또는 약간 늦게 피는 꽃으로 산철쭉이 있다. 연한 핑크색 꽃이 드문드문 피어 청초하고 고상한 느낌을 준다. 보통 정원에 식재된 철쭉은 산철쭉보다 약간 늦게 피지만 꽃 분홍, 빨강, 주홍, 하양 등 진하고 화려한 모습이 눈길을 끈다.

빨간색 철쭉 무리 앞에 키 작은 노란 수선화라도 피어 있으면 그 현란한 조화에 넋을 빼앗길 정도다.

아파트 단지 정원에 축조한 진경산수 금강산에 핀 철쭉은 산꼭대기의 바위산과 초록색 소나무들, 그리고 쏟아지는 폭포의 물과 어우러져 있다. 이들은 짙은 꽃 색에도 불구하고 전혀 진하다는 느낌이 없이 아름답다. 모든 색이 원색으로 어울려 빛났다. 나는 매일 금강산 앞에 가서 그 아름다움에 합당한 최대의 찬사를 사진으로 남겼다.

3월 말에는 복사꽃도 피었다. 제일 먼저 피는 것은 분홍색의 겹복사꽃이다. 이 꽃은 잎 하나 없이 줄기가 안 보일 정도로 꽃만 가득 피어 비현실적으로 보인다. 색깔도 거의 형광 빛 분홍색이라 이 꽃이 필 때는 다른 꽃이 눈에 들어오지 않는다. 팜 파탈! 아찔하다.

이 분홍색의 겹복사꽃이 피고 나면 흰색, 빨간색의 겹복사꽃들도 피어나고, 조금 순박한 토종 복사꽃도 핀다.

복사꽃은 예부터 미인을 상징한다고 했다. 정말 누구든 홀딱 반하고 만다.

그 꽃그늘 아래서는 황제라도 눈물이었으리

2013년 4월 정년퇴직 후 베이징에 갔을 때였다. 서울-베이징 자매결연 20주년 기념 세미나가 칭화대학에서 열렸다. 나는 세미나를 마치고 넓은 교정을 둘러보았다. 백여 년이 넘은 오래된 건물들의 중후한 분위기가 한바탕 봄의 기운으로 깨어나고 있었다. 아름드리나무가 나란히 서 있는 산책로를 따라 걷고, 호숫가의 버드나무가 연둣빛 숨을 내쉬는 곳을 지났다. 그러다 만난 복사꽃!

눈앞에는 잎 하나 없이 꽃송이들로만 이루어진 겹복사꽃이 핑크빛 뭉게구름처럼 피어오르고 있었다. 황홀경이 따로 없었다.

복사꽃을 바라보며 넋을 놓고 있으니, 베이징대학에서 박사학위를 받은 제자가 나를 이끌며 어디론가 가자고 했다. 칭화대학과 길 하나 사이로 붙어 있는 베이징대학은 예전 궁궐의 일부가 있던 곳이다. 제자는 베이징대학을 지나 원명원으로 안내했다.

청나라 황실의 이궁이었던 원명원은 너무도 넓어 그 내부를 잘 알지 않고서는 제대로 돌아보기 어려운 곳이었다. 아편전쟁 때 허물어진 석조 건물은 무너진 채 그대로 있고, 배를 타고 갈 정도로 넓은 호수, 뱅글뱅글 미로를 돌아 찾아가는 연꽃 연못은 넓고도 넓었다. 제자는 오랫동안 베이징에서 지냈던 터라 속속들이 잘 알아서 용케도 나를 어떤 정원으로 안내해 주었다.

  그렇게 많은 복사꽃을 본 것은 그때가 처음이었다. 키가 별로 크지 않은 복사나무들이 일정한 간격을 두고 수십 그루가 모여 일제히 꽃물결을 이루고 있었다. 온갖 분홍색, 온갖 종류의 복사꽃이 거기 다 있는 것 같았다. 내가 꿈을 꾸고 있는 건 아닌가 싶어 다시 확인할 정도로 믿어지지 않는 장관이 눈앞에 펼쳐졌다. 주위 경관은 여전히 침침한 나무 빛깔뿐이라 화려한 복사꽃들이 더 도드라졌다. 무릉도원이 바로 여기인가 싶었다.

  나는 황제의 정원에서 서왕모의 복숭아를 탐하듯 신선의 세계를 노닐었다.

세상 그 무엇도
홀로이지 않듯이

보라, 나뭇잎 그늘 사이에
빛나는 파란 알들이 함께 놓여 있구나!
우연히 발견한 광경이 내게는
기쁨의 모습으로 반짝이는구나.
- 윌리엄 워즈워스, 〈참새 둥지〉에서

새끼 오리와 징검다리 앞의 풍경

가끔은 일탈이 주는 선물도 있는 법이다. 불쑥 늘 다니던 피천득 길이 아닌 반포천 아랫길을 따라가 보았다.

반포천 아랫길에는 산책로 옆에 자전거 길이 있어서 길이 훨씬 넓어 보였다. 개천은 새로 '반포천 살리기 운동'을 해서 물이 졸졸 흐르도록 해 놓았다. 그 덕분인지 오리와 물고기 들이 많았다. 큰 오리들이 우스꽝스럽게 엉덩이를 쳐들고 물구나무를 서서 먹이를 찾고 있었다. 물고기들이 무리 지어 다니다 갑자기 물 위로 솟구쳐 오르기도 했다. 서래섬에서 보이는 왜가리들도 가끔 이 개천에 나타났다.

봄에는 귀여운 새끼 오리들이 나들이하러 나왔다. 조금 큰 새끼 일곱 마리가 함께하는 오리 가족, 아주 조그만 새끼 열 마리를 거느린 큰 오리도 있었다. 그걸 보는 재미로 자주 반포천 아랫길로 다녔다.

새끼 오리들은 물에 동동 떠서 엄마 뒤를 따라가다가 좀 처진다 싶으면 번개같이 물길을 내며 헤엄쳐 따라잡곤 했다. 작은 오리들이 어떻게 그렇게 빠를 수 있을까. 그 모습이 어찌나 귀엽고 예쁜지 넋을 놓고 바라보게 된다. 새끼 오리들은 산책길을 오가는 사람들에게 단연 화제의 주인공이었다.

어느 날 조그만 새끼 오리 무리를 보는데 한 마리가 보이지 않았다. 아무리 세어 봐도 아홉 마리뿐이었다. 다른 사람들도 궁금해 했다. 걱정이 되어 반포천을 유심히 보면서 따라 내려갔다. 한참 아래쪽에서 한 마리가 정신없이 개천을 가로질러 왔다 갔다 하는 모습이 보였다. 잃어버린 엄마 오리를 찾는 것 같았다. 엄마가 저기 있다고 말해 줄 수도 없고. 안타까운 마음이 들었다. 그런데 다음 날 보니 엄마 오리가 새끼 오리 열 마리를 거느리고 유유히 헤엄치고 있었다. 얼마나 기쁘던지….

뮌헨의 영국 정원에서도 새끼 오리 가족을 본 적이 있다. 새끼 오리들을 가운데로 몰고 엄마, 아빠 오리가 앞뒤에서 이끌었다. 혹시나 새끼들을 잃어버릴까 봐 그러는 것처럼 보였다.

그런데 반포천에서는 엄마 오리만 새끼들을 데리고 다녔다. 아빠 오리는 어디로 가고 엄마 오리 혼자서 새끼들을 키우는지 궁금했다. 오리들도 한국 사회를 닮아 독박 육아를 하는 것일까?

공연한 쓸쓸함에 눈을 돌렸다. 개천을 가로질러 넓적한 놀로 듬성듬성 놓은 징검다리가 보였다.

한 젊은 아빠가 징검다리 앞에서 서너 살배기 아이가 건너오기를 기다리고 있었다. 한 번은 아빠 손을 잡고 건너고, 이번에는 혼자서 건너 보겠다며 아빠를 졸라 되돌아갔던 모양이다.

아이가 한 칸씩 조심조심 발을 딛고 있었다. 조마조마했다. 혹시라도 간격이 넓어 발이 미끄러지지 않을까, 물살에 겁을 먹고 울지 않을까. 돌다리 하나를 건널 때마다 아빠의 박수와 응원이 커졌다. 아이는 더욱 의기양양하게 다리를 건넜다.

마침내 아이는 마지막 징검다리를 딛고 달려와 아빠 품에 안겼다. 환호와 자랑스러움이 두 사람을 감쌌다. 나도 벅찬 마음에 콧등이 매웠다. 참 예쁠 때였다.

어떤 날은 징검다리에 앉아 개천 물에 발을 담그고 대화하는 사람도 있었다. 그러다 물결이 간지럼을 태우면 물장구도 쳤다. 예전에 시골에서 개천을 건널 때가 생각났다. 평화롭고 정겨운 때였다. 나도 그렇게 해 보고 싶은 마음이 샘솟았다.

그렇게 기회를 벼르고 있던 어느 날, 나는 징검다리에 들어섰다. 징검다리에 앉아서 물속에 손을 넣기도 하고, 공연히 건너갔다 돌아오기도 했다. 나를 기다려 주는 아버지도 없고, 옛날의 느낌은 아니었지만, 그래도 기분이 좋았다. 발까지 담갔으면 더 유쾌했을까.

다음 여름에는 꼭 징검다리에 앉아서 물속에 발을 담가 봐야겠다. 벌써 신난다. 참방참방!

나에게만 열리는 시크릿 가든

우리나라에 사막이나 광활한 황무지가 없다는 것은 얼마나 축복인가. 한국에서 식물이 하나도 없는 동네, 나무나 풀, 꽃이 없는 도시는 상상하기 어렵다. 작은 나라지만 앞에도 산, 뒤에도 산이 있고, 들과 강이 있다. 콘크리트로 덮인 곳이 아니면 어디든 나무가 있고, 숲이 있고, 풀과 꽃과 깃들어 사는 짐승과 곤충과 새가 있다.

하지만 바쁘게 살 때는 그들의 존재를 잘 못 느낀다. 식물에 눈길이 가는 나이는 아무리 일러도 사오십은 넘어야 한다지 않은가. 문명이 씌워 준 색안경을 벗으면, 자연의 비밀은 저절로 풀릴 텐데 말이다.

봄은 아쉬워할 사이도 없다. 매화와 벚꽃, 진달래, 개나리와 철쭉 등 화려한 봄꽃들의 축제 중에도 누군가는 또 자신들의 차례를 준비하고 있다. 그 무렵이면 나는 시크릿 가든으로 갔다.

'시크릿 가든'은 내가 붙인 이름이다. 아픈 이래로 여기저기를 산책하면서 마음이 끌리는 곳이 있으면 마음껏 이름을 붙였다. 오솔길, 메타세쿼이아 길, 나이야 가라 폭포, 산티아고 길, 미루나무 길 등. 이름을 붙여 주면 나만의 공간처럼 애착이 가고, 더 가깝고 다정한 느낌이 들었다.

시크릿 가든은 내가 사는 아파트 정원 중 제일 구석, 길이 있는지 잘 모를 정도로 눈에 띄지 않는 위치에 있었다. 맞은편 좀 더 큰 산책로에서 걸을 때에도 지대가 좀 높아서인지 바위 탓인지 보이지 않았다. 들어가는 입구도 구석에 있어서 그냥 지나치기 쉬웠다. 우연히 그쪽으로 한번 들어갔다가 고즈넉한 분위기에 마음을 뺏겼다. 미로에 빠졌는데 나오고 싶지 않은 느낌이랄까?

둘러보니 바위와 돌로 둘러싸인 조그만 연못이 있고, 연못에는 자그마한 노란 꽃들이 피어 있었다. 보라색 꽃창포들이 여기저기 연못을 지키듯 서 있었다. 연못은 조그만 개울을 이뤄 흘러내려서 큰 연못으로 들어가고 있는 것 같았다. 나무와 바위, 그늘 속에 있어서인지 연결된 부분은 잘 보이지 않았다.

작은 연못 옆에는 크고 작은 나무가 우거졌으며 그 사이로 조그마한 길이 나 있다. 나는 꼬불꼬불한 길을 좋아한다. 휘어져 굽은 길들은 왠지 더 정겹다. 앞뜰정원의 오솔길이 그렇고, 서래섬에서도 한강변으로 나 있는 직선 길보나 호숫가 길을 더 찾는다. 피천득 길에서도 둥그렇게 굽은 길이 나오는 곳에서 사진 찍기를 좋아한다.

시크릿 가든의 풍경을 완성하는 것은 나무 아래 벤치다. 벤치가 있는 곳은 주위와 잘 어울리고 시상이 저절로 떠오를 만큼 아름답다. 지나가는 사람만 없으면 아무도 없는 곳에 혼자 있는 느낌이 드는 호젓한 자리이기도 하다. 분수대가 있는 연못의 쏟아지는 물소리도, 사람들의 이야기 소리도 없다. 그야말로 조용하게 나만의 공간을 즐길 수 있다. 가끔 들리는 새소리가 청명하기 그지없다.

  그곳에 앉아서 이런저런 생각을 하고, 휴대폰으로 음악도 들었다. 그곳이 주는 위로와 힐링은 오로지 나만의 것이었다. 은영 씨는 내가 시크릿 가든을 좋아하는 것을 알고 있었다. 꼬불꼬불한 길, 우거진 초록색 나무들 사이의 벤치, 그리고 거기에 보일 듯 말 듯 앉아 있는 내 모습. 그녀가 찍어 준 사진 속 풍경이다.

강가의 미루나무 실루엣

4월에는 아름다운 미루나무 길을 발견했다. 그동안 반포천, 서래섬, 산티아고 길 쪽만 다녔는데 서래섬 반대편은 어떤 느낌일지 궁금했다. 한번 가 보기로 했다.

강변을 따라 한참 걷다 보니 키 큰 미루나무(포플러나무)가 나왔다. 곧이어 미루나무가 줄지어 나타났다. 미루나무는 예전에는 미국에서 들어온 버드나무라고 해서 '미류美柳나무'라고 했다고 한다.

이 길은 활처럼 구부러져 있어 길을 따라 심은 미루나무들이 이국적인 풍경을 그려 냈다. 멀리 걸어갈수록 미루나무들이 한눈에 들어왔다. 나무들은 강변 가까이 서 있어 시원한 느낌을 더했다. 바람이 불어 나무들이 일제히 한쪽으로 몸을 맡길 때면 군무라도 펼치는 듯 정연한 모습을 보였다.

어렸을 때 길 양옆에 줄지어 서 있던 포플러나무가 생각났다. 차라도 한 대 지나가면 뿌연 먼지가 푸아앙 피어올라 입을 막고 얼굴을 돌렸었는데….

또 하나 떠오르는 이미지는 고흐가 마지막으로 살았던 프랑스 오베르쉬르우아즈의 포플러나무이다. 나는 운 좋게도 고흐의 명작 〈까마귀가 나는 밀밭〉, 〈오베르 성당〉, 〈오베르의 계단〉 등에 나오는 실제 배경들을 직접 가서 보았다.

1997년 딸과 함께 키 큰 포플러나무들이 줄지어 늘어서 있던 우아즈 강가를 걸었던 추억도 떠올랐다. 그곳에서 졸졸졸 물이 흐르는 개천과 초록색 풀들로 가득한 시골길의 정취를 느꼈다.

길은 계절마다 모습이 다르지만 늘 정겹다.

4월에 처음 미루나무 길을 갔을 때는 미루나무가 앙상할 정도로 잎사귀가 적고 가지들이 그대로 드러나 보였다. 시간이 갈수록 잎사귀들이 풍성해지면서 미루나무도 통통하게 살찐 것처럼 불룩해지기 시작했다.

가을이 되니 잎이 점차 듬성듬성해지면서 초록색과 누런색이 교차해 나타났다. 그런 변화 하나하나가 신기하고 기특했다. 특히 비가 온 다음 날, 물그림자를 드리운 미루나무의 모습은 운치 있었다. 그래서 비 오는 날은 어린아이처럼 운동화가 젖는 것도 모른 채 미루나무 길로 나가고는 했다.

미루나무 길이 끝나는 길옆에는 찰랑대는 물 위로 '서울 웨이브'라는 하얀 건물이 떠 있었다. 건물 안에는 미술 전시장과 커피숍이 있었다. 그곳에 앉으면 미루나무 길이 잘 보였다. 허브차를 마시거나 아이스크림을 먹으며 앉아 있기에 좋은 분위기였다.
 미루나무 길도 서래섬과 함께 나의 최애 길 가운데 하나가 되었다.

모든 꽃이 예쁘다,
너도 그렇다

소년이 작은 장미 한 송이를 보았네.
들에 핀 작은 장미꽃.
아침 햇살처럼 갓 피어난 장미.
가까이 보려고 한달음에 달려갔네.
가슴이 터질 듯 기뻤네.
작은 장미, 작은 장미, 빨간 장미.
들에 핀 작은 장미꽃.

소년이 말했네. "너를 꺾을 거야,
들에 핀 작은 장미꽃!"
작은 장미가 대답했네. "너를 찌를 거야,
그러면 너는 나를 영원히 기억하겠지,
나는 꺾이고 싶지 않아."
작은 장미, 작은 장미, 빨간 장미.
들에 핀 작은 장미꽃.
- 요한 볼프강 폰 괴테, 〈들장미〉에서

계절의 여왕, 꽃의 여왕

꽃은 명사가 아니라 동사인 것 같다. 사람들이 자기들 편하게 무슨 꽃, 무슨 꽃이라고 단정 지어 명사로 말하지만 그렇게 가만히 멈춰 있는 것이 아니다.

꽃이 얼마나 부지런한지, 얼마나 쉬지 않고 움직이는지 반나절만 들여다봐도 알 수 있다. 새벽의 이슬을 먹고, 햇살을 받고, 꽃잎을 여닫고, 바람에 꽃밥을 털고, 곤충들을 부르고, 물과 공기를 빨아들이고 내쉬느라 잠시도 쉬지 않는다. 그렇게 길든 짧든 자신의 한살이를 해내는 것이다.

그러니 작은 꽃 한 송이 만들어 내지 못하는 우리들이 무얼 그리 힘들다고 주저앉는가 말이다. 단 하루만이라도 동사로 살자. 꽃처럼 살아 보자.

봄에는 한눈팔면 안 된다. 아파트 단지 안에서 펼쳐지는 화려한 꽃들의 향연은 손님을 기다려 주지도 않고 쉬는 법이 없다.

5월은 뭐니 뭐니 해도 장미가 최고다. 금강산 진경산수를 축조한 화단 앞쪽에 그 여왕님들의 꽃 잔치가 한창이다. 지난겨울 내내 낮은 자세로 짚단 속에 은신하고 있더니 어느새 깔끔하게 단장한 정원에 새순을 내밀고 꽃봉오리를 만든 것이다.

작은 장미화원에는 큼직큼직한 꽃송이들이 향기마저 빨강,

주황, 노랑, 분홍으로 다채롭게 내뿜고 있다. 뒤쪽에는 호위 기사들처럼 서 있는 기암괴석과 소나무 사이사이로 폭포가 쏟아지고 있다. 감히 누가 도도한 여왕님들의 압도하는 화사함과 향기에 고개를 들겠는가.

장미는 물이 쑥쑥 빠지는 땅에서 잘 자라고 빛을 아주 좋아한다. 장미는 항상 빛 가운데 있다. 주인공인 것이다. 미의 여신 비너스를 나타내며, 성모마리아를 상징하는가 하면, 이슬람에서는 예언자 무함마드를 상징한다고 알려졌다. 불가리아, 이라크, 영국(잉글랜드), 미국 등 많은 나라의 국화이기도 하다.

예쁘고 아름답고 성스럽고 신비롭고 향기로운 이 꽃은 동서양 어디서나 사랑받기 위해 태어난 존재인 것 같다. '사막의 장미'라는 식물은 장미라는 이름을 붙여 아름다움과 사랑스러움을 강조하기도 한다. 그래서일까. 전 세계에서 원예 품종으로 개발된 것만 해도 2만 5천 종이 넘고, 해마다 2백 종 이상의 새로운 품종이 탄생된다고 한다. 정말 대단한 꽃이다!

그뿐인가. 사람은 물론 수많은 노래와 문학, 예술작품과 디자인, 패션과 역사와 전쟁까지 그 이름이 빠지는 곳이 없다. 이쯤 되면 장미의 관점에서 볼 때 지구는 장미의 역사라 해도 되지 않을까?

수요일엔 빨간 장미를

이런저런 생각을 품고 걷다가 아파트 단지 내 커뮤니티센터 안쪽의 화단을 내려다보았다. 역시나 그곳의 장미도 한창이었다. 중정의 둥그런 가장자리를 따라 심어 놓은 장미가 유리창에 비쳐 두 배로 풍성해 보였다. 하지만 진짜 반한 곳은 따로 있었다.

서래섬에 갈 때 보통은 첫 번째 호수와 두 번째 호수를 따라 빙빙 돌아 잔디밭을 지나 삼각 깃발이 달린 섬의 끝에 이르고는 했다. 그곳에는 둥그런 벤치 같은 것이 있는데 거기에 앉아 한강과 노을을 바라보면 마음이 편안하고 차분해졌다. 그래서 반대쪽은 별로 가 보지 않았다.

어느 날 호숫가를 돌아 집으로 가는 다리로 나오다 보니 앞쪽에 분홍색의 무엇인가가 어른거렸다. 내 궁금증은 행운을 선사했다. 거기에는 화사한 분홍색 장미 아치와 함께 사방으로 장미화원이 펼쳐져 있었다. 매일 서래섬에 가는데도 이런 곳이 있는 것을 이제야 알다니. 우리는 황홀한 분홍 아치 속에 들어가 장미의 아름다움에 푹 빠졌다. 향기에 취하고 사진에 취해 집에 돌아갈 생각을 까맣게 잊고서 말이다.

"빨리 와 봐, 여기 정말 예뻐!"

혼자 보기 아까워 친구들을 불러서 같이 가기도 했다. 할 수 있다면 세상 모든 이에게 선물하고 싶은 장미의 나날들이었다.

장미의 추억이 하나 더 있다. 2020년 5월 친구들과 함께 간 올림픽공원의 장미화원이다. 아마도 그때까지 본 장미화원 중에 백미였을 것이다. 공원에는 아직 다 피지 않은 빨간색, 노란색, 복합색 장미들이 무리 지어 있었다. 공들여 가꾼 빨간색 장미 아치, 분홍색 장미 아치도 있었고, 나무처럼 높게 세워 놓은 빨강 장미꽃들도 눈길을 붙잡았다. 날씨가 너무 더워 실컷 보지 못하고 온 것이 아쉬웠다.

언제부턴가 아파트 단지들 담장마다 덩굴장미가 많이 보이는 것 같다. 오뉴월이면 온통 빨간 장미와 초록 잎사귀들의 강렬한 대비로 에너지가 한층 충만해지는 기분이다.

이러니저러니 해도 역시 장미 하면 생각나는 것은 프러포즈가 아닐까? 저기, '수요일엔 빨간 장미를' 품고 가는 한 남자를 보라.

7월에는 배롱나무 또는 나무백일홍이라고도 하는 꽃이 피기 시작했다. 배롱나무는 추위에 약해 헝겊이나 짚단으로 칭칭 싸매 겨울을 난다. 늦봄이 되도록 도대체 죽었는지 살았는지 모르게 애를 태우다가는 뒤늦게야 잎사귀를 내민다.

아주 게으른 꽃이지만 뒷심은 제법이다. 백 일 동안 꽃이 핀다는 이름처럼 여름 내내 꽃을 피운다. 꽃대 끝에 여러 꽃이 모여 한 송이 꽃처럼 보이는데, 가까이 가서 꽃잎을 들여다보면 플라멩코 드레스처럼 자잘한 주름들로 가득 차 있어 무척이나 화려하다. 꽃분홍, 연분홍, 하양, 빨강 등 여러 색 중에서 나는 꽃분홍색 꽃을 좋아한다.

산책로 양쪽에는 배롱나무가 쌍둥이처럼 서서 터널을 이루고 있다. 연못가와 분수대 옆, 정원 여기저기에서 심심하다 싶을 만하면 혼자라도 나타났다. 고맙게도 꽃이 그다지 많지 않은 여름 동안 내 안에 꽃분홍 마음을 만들어 주었다.

자세히 보고, 오래 보고

여름은 여름이라 좋다. 보라색 비비추는 이때다 싶게 메타세쿼이아 길 아래 무리 지어 피어 풍경의 한쪽을 차지한다. 비비추와 옥잠화는 모양이 비슷한데 비비추 잎사귀가 훨씬 갸름하고 뾰죽한 편이고, 옥잠화 잎사귀는 동그스름하면서 잎 끝이 뾰족하다. 옥잠화는 하얗게 피는 꽃 모양이 옥비녀 같다고 예쁜 이름이 붙었다.

무궁화도 한몫한다. 가운데는 공통적으로 빨갛지만, 가장자리 꽃잎은 연보라색, 연분홍색, 흰색 등 다양하다. 완전히 빨간색인 하와이무궁화(히비스커스), 주황색의 무궁화도 피어 지나던 발길을 멈추게 했다.

아파트에서 서래섬으로 가는 길에 있는 다른 아파트 담장에는 능소화가 피어 있었다. 능소화는 덩굴식물이라 다른 식물이나 벽을 타고 올라가서는 보란 듯이 주홍색의 꽃을 피워 낸다. 한여름에 꽃차례가 길게 늘어져 쉴 틈 없이 터트리는 큼직하고 시원스런 꽃을 보면 잠시 더위도 잊게 된다.

화려하기로는 기생초를 빼놓을 수 없다. 꽃잎 가장자리는 노란색이고, 안쪽은 검붉은 빨간색으로 매우 요염하다. 이 꽃들이 한편에 있으면 '나 여기 있어요.' 하는 것처럼 그곳 전체가 눈에 번쩍 띈다. 꽃이 오래도록 피어 있어서 더욱 마음에 든다.

 찔레꽃은 반포천 길을 하얗게 수놓는 수줍은 아가씨 같은 꽃이다. 방배동 뒷산에서 하얀 찔레꽃만 봐서 하얀 꽃만 있는 줄 알았다. 어릴 적에는 여린 찔레꽃 순을 꺾어서 단물을 빨아 먹기도 했던 것 같다. 그런데 반포 한강공원에 가니 빨간 찔레꽃이 있었다.

 "찔레꽃 붉게 피는/ 남쪽 나라 내 고향/ 언덕 위에 초가삼간/ 그립습니다."라고 노래에서 들었는데 실제 본 것은 처음이었다. 크기는 작았지만 정말 예뻤다. 장미의 축소판 같았다.

 작은 꽃이라면 개망초꽃을 들 수 있다. 꽃이 아주 작아서 자세히 보아야만 꽃 모양을 볼 수 있다. 하얀 꽃잎 속에 노란 속 꽃이 있어서 달걀 프라이를 꼭 닮았다. 서래섬에 갔더니 개망초꽃이 길 양쪽으로 만발했는데, 호수와 버드나무를 배경으로 보니 그렇게 아름다울 수가 없었다. 신의 정원에는 잡초가 없나니.

 산티아고 길 양쪽에도 작은 꽃들이 어우러져서 꽃들의 천국을 만들었다. 나태주 시인의 〈풀꽃〉이라는 시가 거기에 사뿐사뿐 내려앉았다. 정말이지 자세히 보고, 오래 보니 예쁘고 사랑스러워 보였다.

 7월도 그렇지만 8월이 되면 날씨가 너무 더워서 그런지 꽃들이 많지 않다. 그나마 배롱나무가 여전히 꽃을 피우고 있고 수련도 자리를 지키고 있었다. 여기저기 눈길을 돌리다가 작은 꽃이라도 찾아내면 참 반가웠다.

맥문동은 눈에 잘 띄지 않는 식물이다. 가늘고 긴 녹색 잎만 단 채 오랫동안 땅에 낮게 붙어 있다. 그렇게 무덤덤하게 나무 밑이나 길가, 낮은 구릉 같은 곳에 심어 놓는 꽃이다.

그런데 보라색 꽃줄기가 올라와서 퍼지기 시작하면 갑자기 세상이 보라색으로 물들여진다. 그제야 사람들은 맥문동을 눈치챈다. 나도 그랬다. 이 꽃이 아파트에, 반포천 길, 허밍웨이, 서래섬 가는 길에 그렇게 많이 피어날 줄 몰랐다. 나는 조롱조롱 매달린 귀여운 보라색 꽃 구슬을 보기 위해 기꺼이 더 낮아질 준비를 했다.

꽃등 하나 밝히며
기다리는 마음

네가 의로움을 추구하면 그것을 얻고
영예로운 예복처럼 그 의로움을 입으리라.
새들은 끼리끼리 날아들고
진리는 그것을 실천하는 이들에게 돌아오리라.
사자가 숨어서 먹이를 기다리듯
죄악도 불의를 일삼는 자들을 숨어서 기다린다.
경건한 이의 말은 항상 지혜로우나
미련한 자는 달처럼 변한다.

-《구약성서》〈집회서〉에서

지나가는 꽃, 다가오는 꽃

4월 초순 무렵, 철쭉이 필 때 라일락도 같이 피었다. 흔히 볼 수 있는 후리후리하게 키가 큰 서양 라일락이 먼저 피고, 키가 나지막한 한국산 '미스김라일락'이 뒤따랐다. 서양 라일락도 향기가 좋지만 꽃이 자그마한 미스김라일락의 향이 더 진하고 오래가는 것 같다.

미스김라일락은 한국에 와서 일하던 어떤 미국인 사업가가 붙인 이름이라고 한다. 키는 작지만 단단하고 향이 오래가는 특성이 자신의 비서였던 미스 김을 닮았다고 그런 이름을 지었다는 것이다. 원래는 우리 것이었지만 세계적으로 사랑받는 원예 품종이 되어 역수입하고 있다.

앞뜰정원 뒤의 오솔길에 있는 라일락 몇 그루가 날 부르듯이 향기를 흘렸다. 나는 일부러 이 길을 돌아서 아침 산책을 시작하고는 했다.

벚꽃이 살짝 지기 시작할 때쯤 꽃사과나무에 꽃이 피기 시작했다. 꽃사과나무는 벚나무보다 키가 크거나 비슷한데, 꽃은 훨씬 크고 복슬복슬하다. 흰색에 가까운 연분홍에서부터 살짝 더 발그레한 분홍빛 꽃이 핀다. 처음에는 무슨 꽃인지 몰라 검색해 보았다. 이렇게 청아하고 순수한 아름다운 꽃을 그동안 몰랐다니! 그 뒤로 반포천 길을 갈 때마다 꽃사과나무를 찾아 사진을 찍었다.

반포천 길에는 박태기나무도 꽃이 피었다. 박태기나무꽃은 가지만 있는 나무에 분홍색 꽃들이 자잘한 풍선처럼 퐁퐁 내밀어 처음에는 좀 묘한 모양새로 보인다. 그러다 꽃송이가 많아지면 가지 전체가 꽃이 잔뜩 붙은 진분홍 꽃방망이가 된다.

4월에는 또 원색적인 튤립이 피기 시작한다. 서래섬 들어가는 입구 자전거 길에 흰색, 노란색, 자주색 튤립들이 먼저 피고, 뒤따라 분홍색, 노랑과 빨강이 섞인 튤립 등 다양한 튤립꽃들이 꽃망울을 터뜨렸다.

21대 총선 투표일에 아파트 단지 내 커뮤니티센터에 갔을 때였다. 정원 구석에 희귀한 분홍색 튤립, 노랑 빨강이 섞인 튤립, 노랑 바탕에 빨간 줄이 들어 있는 화려한 튤립이 눈에 띄었다. 생전 처음 보는 튤립들이었다. 우아한 타원형의 봉긋한 꽃송이들과 원색의 향연에 홀려 오래도록 그 자리에 서 있었다.

연못과 구름카페를 지나 시작되는 목련나무 길에 목련꽃이 봉긋봉긋 솟기 시작했다. 북쪽을 향해 붓끝처럼 뾰족해진 저 봉오리들이 언제쯤 벌어질까. 지켜보는 내 마음은 시련과 눈물 속에서 사랑을 지키려 했다는 '북향화'와 닮아 가고 있었다.

내가 콕 찍어 놓고 좋아하는 목련은 기둥이 굵고 키가 매우 큰 나무였다. 그렇지만 꽃송이는 덩치에 비해 유난히 작고 꽃잎은 흰색과 분홍색으로 얇고 하늘하늘했다.

파란 하늘을 배경으로 이 커다란 '작은 목련'을 사진 찍으면 신비롭고 아름다웠다. 어쩐 일인지 이 목련꽃은 땅에 떨어져도 고왔다. 여릿한 꽃잎이 내내 곱게 마르며 내 기억 속에 우아함을 남겨 놓았다. 나는 나지막이 속삭였다.

"고마워, 작은 목련. 우리 내년에도 또 만나…"

보랏빛 희망, 도라지꽃

목련과 작약의 솔로 연주가 끝난 길에는 보라색 도라지꽃의 합창이 울려 퍼진다. 간간이 흰색 도라지꽃이 알토인 듯, 소프라노인 듯 받쳐 주면 그런대로 두 색이 서로 어울리며 고상한 품위를 자아낸다. 클로드 모네가 '대기의 진정한 색'이라며 사랑했다는 보라색. 아픈 사람들이 심리적으로 보라색을 좋아한다는데 그래서일까, 나 역시 차분하게 피는 보라색 꽃에 더 마음이 끌린다.

도라지는 여러 가지로 유용하다. 꽃은 꽃대로 예쁘고, 뿌리는 뿌리대로 식용, 약용으로 쓰인다. 그런데 도라지꽃은 나에게 더 특별한 의미가 있다. 치료를 선물한 꽃이기 때문이다. 뿌리나 음식으로 치료를 도왔다기보다는 노래로 나를 움직였다. 너무 아파서 온몸이 떨리고 목과 등 근육이 수축할 때, 팔이 굳어서 올라가지 않을 때, 도라지 노래가 나를 구해 주었다.

의사는 진단을 내리면서 나보고 모든 것을 다시 배워야 한다고 했다. 그래서 숨 쉬는 것부터 걷는 것, 앉는 것, 밥 먹는 것, 물 마시는 것 등 일상생활의 동작을 다시 배우고 반복했다.

운동 치료로 다니던 바태 스튜디오에서도 제일 먼저 숨 쉬는 것부터 가르쳐 주었다. 숨을 쉬기 위해 우선 날숨을 쉬는 것이 필요하고, 날숨을 쉬는 가장 쉬운 방법이 소리를 내는 것이라고 했다. 그러면서 한국 고전무용 같은 느린 동작을 하면서 소리를 내어 노래를 불러 보라고 지도해 주었다.

그때 처음 머릿속에 떠오른 노래가 어릴 때 배웠던 〈도라지 타령〉이었다.

도라지 도라지 백도라지
심심산천에 백도라지
한두 뿌리만 캐어도
대바구니로 반실만 되누나
에헤요 에헤요 에헤야
어여라 난다 지화자 좋다
얼씨구 좋구나 내 사랑아

나는 이 노래를 부르면서 은영 씨와 손을 잡고 춤을 추었다. 아파트 옆 동을 지날 때도 흥얼흥얼, 조금 넓은 공간이 나오면 또 거기서 덩실덩실, 분수대를 빙글빙글 돌면서 나무 기둥을 돌면서 춤을 추었다.

대낮에 두 여자가 손을 맞잡고 노래를 부르며 고전무용 같은 느린 춤을 추고 있으니 이상하게 보이기도 했을 것이다. 지나는 사람들마다 고개를 갸웃거리거나 걸음을 멈추고 쳐다보기도 하고, 들으라는 듯이 뭔가 한마디 하고는 했다. 그래도 나는 개의치 않았다. 남이 보거나 말거나, 뭐라고 하거나 말거나 꿋꿋이 운동을 계속했다. 내가 아파서 운동하는데 누가 뭐라고 할 것인가.

사실 나보다는 젊은 은영 씨가 고역이었을 것이다. 나를 부축하여 밀고 끌고 하는 운동을 보조하는 것은 육체적으로 힘든 일이다. 하물며 병간호에 대해 투철한 정신 자세를 훈련받은 것도 아닌데 '제정신인가?'라는 주변의 눈초리를 어떻게 쉽게 견디겠는가.

그녀 역시 나처럼 처음에는 쑥스러워했지만 나중에는 신경 쓰지 않았다. 오히려 더 적극적으로 내 치료를 돕기 위해 〈달타령〉, 〈새타령〉, 〈아리랑〉 등 이런 노래, 저런 노래를 찾아서 들려주고 같이 춤을 추었다. 내가 모르는 새로운 노래도 많이 알려 주었다. 우리는 즐겼다.

그렇게 도라지꽃은 내 몸의 첫 치료를 도와 준 꽃이다.

야생화, 내 이름을 불러 주세요

반포천 아랫길을 걷다 보니 그동안 보던 꽃들과는 다른 야생화들이 눈에 띄었다. 하기야 이제 겨우 야생화 왕국에 첫발을 들여놓은 내가 보았자 얼마나 보았겠는가.

반포천 언덕에는 메밀꽃밭이 있는데 하얀 꽃들이 초록 잎사귀 위에서 바람에 일렁이는 모습이 청순했다. 메밀은 일찍 심어 오뉴월에 꽃피게도 하고, 늦게는 가을에 꽃을 피우기도 한다. 메밀꽃을 보러 봉평에 가는 친구들도 있겠지만 서울에도 이렇게 멋진 풍경이 마련되어 있다. 언젠가 서래섬에서 메밀꽃 축제를 한다기에 기다렸지만 홍수에 메밀꽃밭이 다 사라져 버린 적도 있었다.

메밀꽃 하면 이효석 작가의 〈메밀꽃 필 무렵〉이 떠오른다.

달은 지금 긴 산허리에 걸려 있다. 밤중을 지난 무렵인지 죽은 듯이 고요한 속에서 짐승 같은 달의 숨소리가 손에 잡힐 듯이 들리며, 콩 포기와 옥수수 잎새가 한층 달에 푸르게 젖었다. 산허리는 온통 메밀밭이어서 피기 시작한 꽃이 소금을 뿌린 듯이 흐붓한 달빛에 숨이 막힐 지경이다.

오감을 한껏 끌어올리는 기막힌 묘사다. 밤의 메밀밭을 보고 싶은 마음이 들게 한다. 소금을 뿌린 듯한 모습이 어떤 것일지 궁금하다.
　메밀꽃 옆에는 수더분하게 분꽃이 무더기로 피어 있다. 문득 어릴 적 안동 집 앞마당의 꽃밭이 희미한 수채화처럼 떠오른다. 대문에서 들어가는 길에는 채송화를 두 줄로 심고, 그것을 경계선으로 하여 양쪽으로 꽃밭을 꾸며 놓았다. 과꽃이라고도 하는 배추국화, 백일홍, 금잔화가 있었고, 은은한 분향을 풍기던 분꽃 옆에는 꽈리도 있었다.

꽈리는 여러 해에 걸쳐 한 자리를 지키며 하얀 꽃을 피웠다. 꽈리를 만드는 방법도 띄엄띄엄 기억이 났다. 빨갛게 익은 풍선 같은 겉껍질을 벗기고 속의 열매를 꺼내 만지작만지작 해서 물렁하게 만든다. 다음에는 꼭지가 달렸던 주둥이가 찢어지지 않게 바늘로 속을 살살 파낸다. 껍질만 남은 꽈리를 입에 넣어 이리저리 움직여 혀로 누르면 꼬르륵꼬르륵 소리가 났다. 누가 더 큰 소리를 낼 수 있는지, 누가 더 오래 꽈리를 부는지가 관심사였다. 그 시절 아이들의 장난감이었던 셈이다.

요새는 채송화를 보기 어렵다. 백일홍과 금잔화는 그래도

가끔 볼 수 있는데…. 서양에서 들여온, 이름도 어렵고 색도 화려한 수입 원예종이 화단과 정원을 다 차지하게 된 것 같다. 소박하고 정감 있던 옛 꽃들은 갈수록 사라지고 그리움만 남기게 되었다.

아파트에서 서래섬 가는 중간에 지나는 다른 아파트 단지에도 야생화가 많이 피어 있었다. 개미취라는 꽃은 늦여름부터 피는 벌개미취와 비슷했다. 조금 더 늦게 피는 것 같고 보라색 꽃잎에 안쪽은 노란색이어서 더 화려했다. 구절초는 흰색 꽃으로 꽃잎이 더 길고 크다. 벌개미취, 개미취, 구절초는 꽃이 비슷해서 구별하기가 쉽지 않았다. 그 외에도 일본조팝나무, 서양등골나물, 씀바귀, 아프리카봉선화, 층꽃나무 등을 만났다.

세상 모든 풀꽃들의 이름을 알면 얼마나 재미있을까.

나는 걸으면서 털별꽃아재비, 까마중, 참깨, 금불초, 둥근잎유홍초, 돼지풀, 애기똥풀, 꽃다지, 마타리, 수크령, 꽃범의꼬리, 개망초꽃 등 수많은 야생화를 발견했다.

처음에는 이름은커녕 뭐가 뭔지 구별하기도 쉽지 않았다. 대부분 인터넷 포털 꽃 검색을 통해 긴가민가하며 확인해 보았다. 꽃 이름을 하나하나 알게 되면서 나는 김춘수 시인의 〈꽃〉처럼 이름을 불러 줄 때마다 나에게로 와서 꽃이 된다는 의미를 알게 되었다. 이름을 알아야 의미가 돋아나고 존재로서 생명을 얻는 것이다.

야생화는 이 세상의 모든 생명이 소중한 것임을, 당연하게 여기던 세상 모든 것이 아름다운 것임을 깨닫게 해 주었다. 짧은 생의 시간을 묵묵히 견디며, 자기 몫의 삶을 치열하게 감당하고 가는 작은 영웅들이다.

4장

마음 저 들판, 길을 내고 걷다

꺾어진 꽃을
길에서 줍다

향내 없다고 버리시려면
내 목숨 꺾지나 마시오
외로운 들꽃은 들가에 시들어
철없는 그이의 발끝에 조을 걸
- 김영랑, 〈향내 없다고〉

물이 좋으니, 물꽃같이 살리라

6월에는 산수국과 수국이 찾아왔다. 수국은 분홍색, 파란색, 보라색으로 커다랗고 탐스러운 꽃 뭉치를 이루며 피는 꽃이다. 산수국은 나비 같은 장식 꽃잎이 가장자리에 빙 둘러 있고, 안에는 작은 꽃망울들을 만들며 약간 편평하게 핀다. 잎 모양은 둘 다 깻잎처럼 둥그스름하다.

4월 중순까지 수국은 바짝 말라 죽은 나뭇가지 같다. 그러다가 삐죽삐죽 오동통한 연초록 새순이 터져 나올 때는 정말 신통방통하다는 생각이 든다. 그러고는 언제 내가 그랬었냐는 듯 바글바글 작은 예비 꽃송이들을 내밀고 이내 두 주먹을 합쳐도 모자랄 만큼 큰 꽃 자랑을 해대는 것이다.

수국꽃을 보면 하나의 꽃 뭉치 안에서 연노랑에서 하늘색, 파란색, 분홍색에서 진분홍, 보라색까지 그러데이션을 이루는 것이 참 오묘하다. 꿀도 없고 향기도 없지만 땅의 성질에 따라 꽃 색깔을 바꾸며 사람들에게 더없이 지극한 아름다움을 선사한다.

하지만 이상하게도 나는 방배동 뒷산에 다닐 때 많이 보았던 산수국이 더 정겹게 느껴졌다. 수수하고 잔잔한 차림새가 마음을 끄는 탓이다.

산수국과 비슷한 백당나무라는 것도 있는데 하얀색 산수국 같은 느낌에 향기가 정말 좋았다. 가을에는 새빨간 열매로 한 번 더 꽃이 된다. 수국은 아파트 단지 곳곳에 피었지만, 특히 수국이 집중적으로 많은 수국 길이 있어서 꽃을 보려면 그곳에 갔다. 풍성한 수국을 따라 걷다 보면 내 마음도 뭔가로 가득 채워지는 느낌이 들었다.

수련은 5월 말부터 피기 시작하여 여름 내내 그리고 10월까지 연못에서 청초하게 자리 잡고 있다. 매일 아침 분홍색 수련이 떼를 지어 피어 있는 곳을 둘러보는 것이 아침밥보다 맛있었다. 흰색, 진분홍색, 미색 꽃도 있었는데, 이 수련들은 이상하게도 분홍색 꽃만큼 오래도록 피지 못했다.

날씨가 더울 때면 수련은 아침 일찍 꽃잎을 열다가 오후 한두 시쯤 소리 없이 닫았다. 10월 무렵이 되면 아침저녁으로 날씨가 서늘해서 오후 한 시가 되어서야 꽃잎이 벌어지기 시작해 오후 다섯 시까지 피어 있었다.

아마 날씨가 서늘해지면 꽃잎을 여닫기가 점점 힘들어져서 꽃 개수가 줄어드는 것 같았다. 결국 10월 말이 되니 꽃봉오리가 열릴 듯하다가 멈췄다. 이러다 꽃잎도 마저 열지 못하고 가는 것이다. 자연의 섭리를 거스를 수 없는 줄 알면서도 때로 이렇게 안타깝게 느껴지는 순간이 있다.

향기, 고결, 맑음, 그리고 깨끗함

연꽃도 7월쯤부터 피기 시작했다. 아름답고 고고한 자태가 수련과 비교가 안 될 정도로 곱다. 조그만 꽃봉오리가 올라오면 며칠을 기다려야 꽃잎이 벌어지기 시작하는데 막 봉오리가 벌어지려는 때가 가장 예쁘다. 색깔은 아래로 분홍색이 짙고 위로 올라가면서 점점 옅어진다.

꽃잎이 거의 다 벌어져서 절정을 이루면 꽃잎의 분홍색은 거의 사라지고 흰색으로 변한다. 꽃이 핀 뒤 사흘째가 되면 아쉽게도 연꽃잎들이 떨어지기 시작한다. 그러면 나는 멀찌감치 서서 자리를 뜨지 못하고 서성거린다. 지는 꽃을 슬퍼하며.

전남대 사회학과에서 일하던 때였다. 당시 광주에서는 동양화가 인기 있었다. 종종 충장로에 있던 어떤 다방에 가고는 했는데 동양화 작품들이 벽면마다 가득했다. 그 무렵 친하게 지냈던 교수들은 호칭으로 아호를 쓰는 분위기였다. 아직 나만 호칭이 없었다.

한 선배 교수가 동양화에서 연상한 것인지, 옛 시구를 떠올렸는지 모르지만 연촌蓮村으로 아호를 지어 주셨다. 연꽃마을이란 뜻이다. 연꽃은 진흙 속에 뿌리박고 있지만 매우 깨끗하고, 아름다운 꽃을 무리 지어 피우고, 향기는 멀리 퍼질수록 더욱 맑은 꽃이라고 했다.

　감사 인사를 드렸더니 짐짓 진지한 표정을 짓고는 그 호를 거꾸로 읽지는 말라고 단속을 붙이셨다. 사람들이 일제히 "하하하." 하고 웃음을 터뜨렸다.

　2020년 10월 18일, 그분의 부고를 들었다. 5·18 민주화운동 때 해직된 열한 교수 중 한 분이기도 한데, 몇 년 전 전남대를 떠난 후 오랫동안 연락이 끊겼다. 그러다 아들이 사회학을 공부한다면서 잘 부탁한다고 먼저 연락을 주셨다. 2018년 2월, 내가 5·18 연구를 위한 심층 면접을 위해 광주에 가서 만났을 때만 해도 아주 건강해 보이셨는데…. 세월은 어쩔 수 없나 보다.

　아호를 받은 후 나는 카페에서 연촌으로 활동했다. 중국어를 잘하는 친구가 내 아호를 눈여겨보더니 주돈이의 시 〈애련설愛蓮說〉의 한 구절을 알려 주었다.

　　국화는 꽃 중에 속세를 피해 사는 자요
　　모란은 꽃 중에 부귀한 자요
　　연꽃은 꽃 중에 군자다운 자라고. 할 수 있다
　　아! 국화를 사랑하는 이는 도연명 이후로 들어본 일이 드물고

연꽃을 사랑하는 이는 나와 함께할 자가 몇 사람인가

모란을 사랑하는 이는 마땅히 많을 것이다

予謂菊, 花之隱逸者也

牧丹, 花之富貴者也

蓮, 花之君子者也

噫, 菊之愛, 陶後鮮有聞

蓮之愛, 同予者何人

牧丹之愛, 宜乎衆矣

꽃 그리는 마음은 깊은데

 꽃을 보는 마음보다 꽃을 그리는 마음이 더 깊다고 했다. 꽃은 기다려 주지 않는다. 꽃은 자기들 마음대로 언제나 배반을 서슴지 않는다. 벚꽃을 보라. 민들레를 보라. 바로 아침까지 봉긋봉긋해서 조바심 반, 기다림 반으로 내일모레쯤 활짝 피겠거니 하고 계산하는 것이다. 그러다 잠깐 다른 일을 보고 나면 내일도 아니고 벌써 한낮에 화들짝 피어 버리고 만다.

 꽃을 보려면 내가 눈길을 떼지 않고 기다려야 한다. 꽃으로서는 약속도 하지 않았는데 내가 배신했다고 하면 매우 억울한 일일 것이다. 발밑의 깨알 같은 꽃마리, 꽃다지도 내가 기다리지 않으면 모르는 새 그냥 피고 진다.

 어느 날 반포천 허밍웨이 길에서 오뚝하니 서 있는 진노랑 상사화를 발견했다. 커다란 나무들 밑에 빽빽한 맥문동 잎 사이로 꽃대 하나가 쑤욱 올라오고 있었다. 꽃봉오리 몇 개를 만들더니 급히 노란 나비 같은 꽃을 하나 펼쳤다. 예전에 분홍색 상사화는 가끔 보았지만 노랑 상사화는 처음이었다. 그래서 더 신기하고 반가웠다.

 상사화는 봄에 잎이 먼저 나왔다가 시들어 사라진 후에야 꽃이 올라온다. 꽃과 잎사귀가 서로를 그리워하지만 만날 수 없는 연인 같다며 그런 이름이 붙었다고 한다. 잎은 여러 풀들 사이에서 올라왔는지도 모르게 사라지고 말았으니 꽃대가 솟는 것만 본 이들에게는 느닷없는 꽃인 것이다.

상사화가 꽃잎을 뒤로 활짝 젖히고 시원하게 뻗어 낸 꽃술들을 보면 꽤나 당당한 자신감마저 보인다. 하지만 이 꽃은 아름다움을 시샘이라도 하듯 바람이 조금만 세게 불어도 꽃대가 위태롭다.

그렇게 조심조심 소중하게 아껴 보고 있던 노랑 상사화였다.

'오늘도 보아야지.' 하고 진노랑 상사화를 찾아 걷고 있었다. 그런데 바로 앞에 가던 어떤 사람이 그 상사화를 본 것 같았다. 꽃에 다가가더니 느닷없이 꽃대를 확 잡아채서 꺾어 버렸다. 아직 채 다 피지도 못한 꽃이었다.

우리는 바짝 뒤에 있다가 갑작스런 대참사를 목격하고 깜짝 놀라 헉 소리를 냈다. 왜? 도대체 왜? 그 자리에 딱 멈춰 서고 말았다.

우리가 경악하는 것을 눈치챘는지 그는 멋쩍게 뒤돌아보더니 꺾은 꽃을 꽃대에 갖다 붙이는 시늉을 했다. 이미 꺾어진 꽃대를 어쩌란 말인가. 그러더니 그냥 꽃을 툭 던져 버리고 가는 것이었다.

산책길 내내 몹시 마음에 걸렸다. 그래서 돌아오는 길에 다시 가 보았더니 꺾어진 꽃이 여전히 그 자리에 있었다. 그걸 우산 속에 조심스럽게 넣어 집에 가지고 왔다. 마음 한편으로는 좀 더 오래 살아 있어라 하고, 또 한편으로는 우리가 꺾은 것으로 오해를 받지나 않을까 조마조마하면서 말이다. 집에 와서 바로 투명한 유리잔에 꽂아 놓았다.

꽃은 원망도 없이 서 있었고, 나는 애잔한 마음으로 지켜볼 뿐이었다.

마지막 꽃들이
더 소중하네

들판에 핀 첫 꽃들은 화려하지만
내겐 마지막 꽃들이 훨씬 더 소중하네
내 영혼에 희망과 욕망의 모든 꿈들을
더 생생하게 일깨우는 마지막 꽃들
그렇게 종종 이별의 순간은
더 생생하게 달콤하네, 만남의 순간보다도!
- 알렉산드르 푸시킨, 〈마지막 꽃들은 더 사랑스럽네〉에서

들에 핀 꽃들은 어디로 가나

가을 하면 억새를 빼놓을 수 없다. 아파트 앞뜰정원과 서래섬, 미루나무 길에도 억새가 있지만, 뭐니 뭐니 해도 산티아고 길의 억새가 최고다. 바람이 불면 한쪽으로 나란히 기울어지면서 은빛으로 빛나는 모습은 정말 근사하다. "아~, 으악새 슬피 우니 가을인가요."라는 노랫말이 있는데 여기서 '으악새'는 새가 아니고 억새라고 한다. 이것을 아는 데도 많은 세월이 걸렸다.

얼마 전까지도 억새와 갈대를 잘 구분하지 못했다. 억새는 주로 산에 피고 갈대는 물가에 핀다고 하는데, 물억새도 있다고 하니 헷갈릴 수밖에. 하늘에 비춰 봤을 때 은빛이 나면 억새, 갈색이 나면 갈대라고 구분하기도 한다. 미루나무 길에는 억새뿐만 아니라 갈대도 많았다. 두 가지를 다 보고서야 비로소 억새와 갈대를 구분할 수 있었다.

《대지》로 유명한 작가 펄 벅은 한국과 한국인에 대한 애정이 각별했다고 한다. 그녀가 쓴 또 다른 작품에《살아 있는 갈대》가 있다. 불쑥 호기심이 발동한다. 작가는 억새와 갈대의 차이를 알고 갈대라는 표현을 썼을까?

둘 다 바람에 흔들려도 꺾이지 않는 것은 비슷한 것 같다. 그런 점에서 쓰러질 것 같아도 쓰러지지 않고 일어서는 강인한 성격을 지닌 한국인을 많이 닮은 면이 있다.

바람이 세게 지나갈 때마다 도미노 쓰러지듯 차례차례 옆으로 누웠다가 다시 일어나는 억새들을 보고 있으면 "우아~!" 하는 감탄사가 절로 나온다. 특히 파란 하늘을 배경으로 높이 솟은 억새가 흔들릴 때는 나도 모르게 무릎을 굽히고 고개를 젖혀 사진을 찍는다. 역광으로 찍어야 더 멋지고 아름답기 때문이다. 바람이 지나갈 때 스사삭 하는 소리도 좋다. 하늘과 바람과 억새의 춤과 스치는 소리는 욕심껏 담아 두고 싶게 한다. 이럴 때는 동영상 촬영이 더 좋다.

산티아고 길의 억새밭은 워낙 넓어서 옆에서는 제대로 볼 수 없다. 그래서 일부러 동작 구름카페로 가는 엘리베이터를 타고 오르내리면서 본다. 약간 위에서 내려다보면 억새 하나하나가 흔들리는 모습들을 가까이서 볼 수 있으며 그 풍경은 볼 때마다 다르다. 동작대교 위에 올라가서 보면 억새밭과 함께 산티아고 길도 볼 수 있는데 걸어가는 사람들이 개미만 해 보인다.

서래섬에 가면 강변의 억새를 볼 수 있다. 한강을 배경으로 바람에 날리는 모습은 또 다른 느낌이다. 강바람이 세서 거세게 휘날리는 억새를 볼 수 있다. 서래섬은 삼면이 탁 트여 전망이 좋다. 이곳에서 해 질 녘 노을을 배경으로 억새를 찍으면 정말 아름답다.

11월 19일 가을비가 마치 여름날 폭우처럼 쏟아졌다. 산티아고 길에 가 보니 억새들이 다 쓰러져 버렸다. '이제 억새도 끝났구나.' 하고 생각했다.

다음 날 다시 동작대교에 올라가 봤더니 억새들이 언제 그랬냐는 듯이 벌떡 일어서서 은빛으로 반짝이고 있었다. 눈으로 보고도 믿기지 않았다. 하루 만에 일어설 수 있다니! 또 하루 만에 색깔이 이렇게 바뀔 수 있다는 것이 놀라웠다. 정말이지 억새는 비바람에 시달려도 끄떡없었다.

마음 한가로이 석양을 보네

가을이 깊어 가면서 시선은 낮은 곳으로 향한다. 낮은 곳에는 차분함이 있다. 이제 그 차분함을 국화 향기가 가득 채우기 시작했다.

올가을 처음 국화꽃을 본 것은 서래섬 들어가는 다리의 입구였다. 수문장처럼 커다란 화분 두 개가 양옆에 있었는데 한두 주 지나더니 노란 꽃이 활짝 피었다. 꽃잎으로 빈틈없이 꽉 차서 초록색 잎사귀가 하나도 보이지 않을 정도였다. 그야말로 충만했다.

반포에서 한강공원으로 들어가는 길목에도 커다란 화분에 노란색과 자주색 국화가 선을 보였다. 노란색 국화가 먼저 활짝 피는가 싶더니 힘이 빠지고, 자주색 국화는 이제 막 피어 싱그럽고 예뻤다. 자주색 국화는 살짝 진주 가루라도 뿌린 듯 은은하게 반짝이기도 했다. 그 색깔의 어우러짐에 한번 눈길을 빼앗기면 넋 놓고 서 있게 된다. 자주색은 고귀함을, 노란색은 그 고귀함에 더욱 빛나는 화려함으로 조화를 이룬다.

아파트에도 국화가 만발했다. 노지의 국화는 화분에 심은 꽃과는 비교할 수 없을 정도로 향기가 좋았다. 꽃 뒤로 돌아가서 향기를 맡으면 앞에서 맡을 때보다 훨씬 더 강하고 향기로 왔다. 역시 꽃은 땅에 뿌리를 내리고 그 힘을 받아야 향기도 진하고 모양도 더 예쁜 것 같다.

사실 국화에 대한 이미지가 화려한 것만은 아니다. 옛 선비들에게는 사군자의 하나였으며, 여전히 대표적인 조화弔花로 쓰일 만큼 품격과 고아함의 상징이기도 하다.

시인 도연명은 국화를 매우 사랑했는데 앞서 소개한 〈애련설〉의 한 구절에서도 볼 수 있었다. 국화는 그의 생애를 상징하기도 한다. 도연명은 관직을 내던지고 자연 속에서 은둔의 삶을 살았다. 20수로 된 그의 연작시 〈음주飮酒〉의 서두에는 "집에 마침 귀한 술이 생겨서 등불에 비친 내 그림자를 벗 삼아 매일 밤 빠지지 않고 술을 마셨다."고 했다. 그러고는 예의 유명한 제5수에 국화에 대한 연민을 드러낸다.

동 쪽 울타리 밑에서 국화를 따다
마음 한가로이 남산을 바라보네
산 기운은 해 저물자 더욱 아름다운데
나는 새들도 서로 어울려 돌아오네
採菊東籬下　悠然見南山
山氣日夕佳　飛鳥相與還

울타리 밑에 핀 국화를 따다가 고개를 들어 먼 산을 바라보니, 석양이 아름답고 새들은 보금자리로 돌아간다. 소박한 산골의 삶, 그 삶 속의 소소한 일상이 그려져 있다. 한 해가 끝나갈 무렵, 저물어 가는 석양 아래 국화꽃을 바라보는 시인의 모습이 떠오른다.

어쩌면 연구와 강의를 떠나 서래섬이나 미루나무 길을 산책하면서 조용히 보내고 있는 나도 그와 비슷한 처지인 것 같다. 젊은 시절 다 보내고 인생의 황혼기에 있기에, 더구나 몸과 마음이 아팠기에 한 해의 마지막 꽃인 국화가 더 아름답고 소중해 보이는지도 모르겠다. 그래서 미루나무 길에서 바라보는 석양이 더욱 황홀하고 가슴 벅차게 느껴지는 것인가 보다.

자신의 반영反影을 마주한다는 것

 이렇게 한가롭게 마음을 비우고는 그만 자리를 뜰까 하는 생각이 들었다. 그런데 도연명의 산중 생활이 마음을 누른다. 하루해가 다 가도록 친구 하나 찾아오지 않는 적막한 산골, 이윽고 밤은 깊어 가는데 술잔을 마주할 벗이라고는 자신의 그림자뿐이라니.

 그는 얼마나 많은 상념의 시간을 인생의 그림자와 반영反映하면서 지냈을까. 신념을 좇으려는 마음과 시적 감흥은 얼마나 뒤엉켜 소용돌이쳤을까. 그렇지만 등잔불에 비친 시인의 그림자는 상념을 모르는 듯 잔잔한 물에 비친 나무의 물그림자 같다.

 걷다가 만난 서래섬의 작은 호숫가에서도 그런 느낌을 얻는다. 맨하늘을 배경으로 서 있는 나무보다 물에 비친 그림자와 함께 보는 풍경은 무언가 더 깊고 아련한 정취를 자아낸다. 비춰 보는 것, 반영을 통해 더 분명해지는 것은 무엇일까. 이런저런 생각에 한참을 벤치에 앉아 있었다.

 그러다 문득 나도 물그림자처럼 풍경 속의 일부가 된 듯한 영감 같은 것이 스쳤다. 그러고는 내가 앉아 있는 뒷모습을 한번 보고 싶다는 생각도 들었다. 동행한 은영 씨와 요양보호사에게 내 뒷모습을 찍어 달라고 부탁했다. 그들은 고개를 갸웃하며 사진을 찍어 주었다. 뒷모습을 찍어 달라는 사람은 처음이라며.

사진 속의 나는 널따란 잔디밭과 탁 트인 한강을 바라보며 편안하게 앉아 있었다. 그 뒤에는 버드나무 가지가 커튼처럼 드리워져 있다. 아, 참 좋다!

이렇게 우연히 시도한 뒷모습 사진 찍기는 뜻밖의 선물이 되었다. 이제껏 나 자신을 보던 관점과는 전혀 다른 나를 발견하게 된 것이다.

그러고 보니, 뒷모습에 대한 강한 인상을 남긴 그림들이 있었다. 하나는 아주 오래전에 보았던 〈창가에 서 있는 소녀〉라는 작품이다. 한 소녀가 열린 창문으로 바다를 바라보는 뒷모습을 그린 그림이다. 간결하고 단순한 구도였는데도 무심한 듯 바다 건너를 바라보는 소녀의 꿈, 먼 세계에 대한 동경, 알 수 없는 그리움 등 여러 가지를 연상하게 했다. 나중에 그 그림이 초현실주의 화가 살바도르 달리가 21살 때 자기 여동생을 그린 작품이라는 것을 알게 되었을 때 더욱 놀랐다. 그렇게 사실적인 그림을 그릴 때가 있었다니.

또 하나는 역시 초현실주의 화가인 르네 마그리트 전시회에서 본 〈금지된 재현〉이라는 그림이다. 말쑥한 정장 차림의 남자가 거울 앞에 서 있는데, 거울에 비친 모습은 뒷모습이다. 그림을 보는 순간 전율이 느껴졌다. 거울 앞의 책은 반전이 없었지만 인물의 앞모습은 볼 수 없었다. 충격 속에서 전시회를 나왔는데 거울이 하나 비치되어 있었다. 놀랍게도 그 앞에 서면 내 앞모습이 아닌 뒷모습이 보였다. 평범하던 의식이 깨지는 순간이었다. 그림 자체도 낯설었지만 거울에 비친 비현실적인 현실은 충격적이었다.

〈금지된 재현〉은 무엇을 뜻하는 것일까. 마땅히 보아야 할 자기 얼굴을 못 본다는 뜻인가? 한편으로는 사람들이 자기 자신을 안다고 생각하지만 사실은 모른다는 뜻일 수 있다. 아니면 다른 사람을 만날 때 보여 주지 않는, 또는 숨기고 싶은 자신의 이면, 뒷모습을 마주하라는 뜻일 수 있다. 그 뒷모습은 오래도록 꽤 큰 여운을 남겼다.

나는 왜 내 뒷모습 사진을 좋아하게 되었을까. 사진 속 나는 어떤 모습인가. 그림 속 소녀처럼 먼 시간과 장소에 대한 동경을 품고 있는가. 아니면 아직도 나 자신을 제대로 보지 못하고 현실을 외면하려고 하는가.

어쨌거나 이제는 숨기고 싶었던 나 자신의 뒷모습을 대면할 때가 된 것 같다. 마지막에 그려질 내 인생의 반영反影이 무엇이든 간에.

가득함은 빈 것이 되고,
빈 것은 가득함이 되네

꽃은 졌다 피고 피었다 또 진다. 비단옷도 다시 베옷으로 바뀐다.
넉넉하고 호화로운 집이라 해서 반드시 늘 부귀한 것이 아니고,
가난한 집이 꼭 오래도록 적적하고 쓸쓸하지만은 않다.
사람이 떠받쳐도 반드시 하늘에 오르는 것은 아니며,
사람을 밀어도 반드시 구렁에 떨어지는 것은 아니다.
그대에게 권하니, 모든 일에 하늘을 원망하지 말라.
하늘의 뜻은 사람에게 후하고 박함이 없다.

- 《명심보감》〈성심편〉에서

순간에서 영원으로 가는 마법

노년기에 들면 인생은 내리막길이라고 한다. 이제 더 높은 출세나 명예, 지혜와 깨달음은 주어지지 않을지 모른다. 그렇더라도 실망할 필요는 없다. 그동안 열심히 언덕을 오르느라 애썼으니 말이다. 이제 내리막길이라면 하락의 속도를 즐겨 보라. 대신 정신은 똑바로 차려야 한다. 핸들을 놓쳐서는 안 된다. 내리막길을 올라타는 것이지 포기하는 것은 아니기 때문이다.

좋은 것이든 나쁜 것이든 인생은 항상 덤이라는 게 있다. 내리막길에서는 힘쓸 필요가 없다. 가만히 있어도 저절로 다음 언덕 절반 정도는 관성이 데려다준다. 삶에서 관성은 뭘까. 아마도 가족이나 친구, 아름다운 자연, 선한 이웃이라는 이름들이 아닐까. 그러니 나의 노년이여, 관성을 누리자.

10월이 되면서 서래섬보다 미루나무 길에 가는 날이 더 많아졌다. 미루나무 길을 산책하고 돌아오는 길에 역광으로 사진을 찍기 위해서다. 전에는 미루나무 길을 먼저 갔다가 그라스정원 쪽으로 돌아 나와 집으로 왔는데 이제는 그라스정원부터 갔다가 오는 코스다.

해를 등에 지고 그라스정원을 나와 걷는다. 코스모스 길을 지나 미루나무 길로 들어서면 그 즉시 강물 위아래로 펼쳐지는 눈부신 태양빛에 마주치게 된다. 그러면 나도 모르게 "오, 오!" 하고 감탄사가 터져 나온다. 강물 위에 떠 있는 태양은 무언가 압도하는 힘이 있다. 그 힘은 황홀함과 숙연함 이상의 감동이다. 나의 모든 감각은 일순 정지되고 만다.

잠시, 그 감동의 마취가 풀리면 그때부터 정신없이 사진을 찍는다. 멀리 있는 다리를 배경으로 하늘과 한강을 이등분하고, 하늘에 있는 커다란 태양과 강물에 반사된 햇빛을 찍으면 그것 자체만으로 멋진 작품이 되었다. 요즘 말로 막 찍어도 화보가 된다.

시간이 지날수록 해가 빨리 떨어지면서 사진의 색깔도 더 붉게 변한다. 마치 하늘이 불타는 것 같이 보인다. 실시간으로 그 사진을 단톡방에 올렸더니 한 친구가 영국 풍경화가 윌리엄 터너의 그림을 보는 것 같다고 했다. 나도 터너의 전시회에서 바다 위로 불타는 석양을 그린 그림을 보고 강렬한 인상을 받은 적이 있다.

강물 위의 석양만큼이나 미루나무 사이로 비치는 석양도 아름답다. 나는 모네의 그림을 본떠서 세 그루, 네 그루 미루나무 사이에 태양을 넣고 사진을 찍었다. 이번에는 여교수들 단톡방에 사진을 올렸더니 내가 아픈 동안 사진작가가 다 된 것 같다고 했다.

10월 중순쯤 되니 일몰 시각이 점점 빨라져 5시 반이 되면 해가 지기 시작했다. 서쪽 하늘에 비스듬히 걸려 있던 해가 떨어지는 속도도 점점 빨라졌다. 이쪽에서 사진을 찍고, 얼른 다음 장소로 이동해서 찍고, 재빨리 다음 장소로 가서 찍고는 했다.

이런 아름다운 광경을 보면, 그리고 그것을 사진으로 찍다 보면 내가 아픈 사람이라는 것도 까맣게 잊어버린다. 행복은 그런 것이다.

느리게 사는 삶, 한가한 사람의 시간

걷기에 웬만큼 자신감이 생기니 좋은 점이 있었다. 그날그날의 컨디션이나 기분에 따라 산책 코스를 선택할 수 있게 된 것이다. 함께 걸어 줄 남편이나 은영 씨, 요양보호사도 있으니 마음은 이미 든든하다. 멀리 가고 싶은 날, 구름이 보고 싶은 날, 꽃을 보고 싶은 날, 시원한 강바람을 맞고 싶은 날….

피천득 길은 갈 때마다 생각을 많이 품고 돌아온다. 전에 읽은 시도 다음에 천천히 읽으면 또 다른 느낌이 드는 것이다. 몇 번을 보면서 고개를 갸우뚱했던 적도 있다. 〈치옹痴翁〉의 한 글귀가 그랬다. 위대한 사람, 범상한 사람, 한가한 사람의 시간에 대해 말하고 있는데, 첫 번째 종류의 사람은 시간을 창조해 나가고, 두 번째 종류의 사람은 시간에 실려 가지만, 세 번째 종류의 사람은 시간과 마주 서 있어 본 사람이라고 했다.

'위대한 사람'과 '범상한 사람'의 시간은 이해가 되는데 '한가한 사람', '시간과 마주 서 있어 본 사람'은 무슨 뜻인지 잘 다가오지 않았다. 반복되는 산책으로 어느덧 길도 익숙하고 글귀도 익숙해졌지만 여전히 그 속뜻은 이해되지 않았다.

그러다가 피천득 좌상 옆 책 조형물의 페이지가 넘어가면서 올라오는 〈제2악장〉이란 짧은 시를 보게 되었다. 거기에는 모차르트 피아노 협주곡 제2악장, 베토벤 운명 교향곡 제2악장, 브람스 2중 협주곡 제2악장, 차이코프스키 현악4중주 제2악장 등 제2악장들이 나열되어 있었고, 악기 비올라와 성악의 알토를 사랑한다고 쓰여 있었다.

학창 시절 피아노를 배우던 기억을 더듬어, 그때 배운 음악 지식을 떠올렸다. 시인이 예로 든 제2악장은 협주곡이나 교향곡의 악장 구성에서 모두 느린 곡 형식을 갖고 있다. 또 비올라는 비단결처럼 부드러운 음색을 내는 악기지만, 바이올린보다 소리가 약해서 잘 들리지 않는 편이다. 알토는 소프라노에 비해 목소리가 낮고 포근하게 감싸 안는 부드러운 느낌이 있다. 비올라와 알토는 자신을 돋보이게 하기보다 강렬하고 명쾌한 바이올린과 소프라노를 조화롭게 뒷받침하는 역할을 한다.

아, 시인은 느린 음악을 좋아했구나. 시인은 낮은 음, 부드러운 음을 좋아했구나. 느리게 사는 삶, 주연이 아닌 조연의 삶을 즐겼구나. 화려한 삶보다는 생활 속에 침잠하는 소박한 삶을 좋아했구나!

고개를 끄덕이다 나도 모르게 한 가지 사실을 깨달았다. 가만 생각하니, 내가 좋아하는 음악도 대부분 제2악장인 것이다.

영화 〈아웃 오브 아프리카〉에서 애절한 안타까움을 그려 낼 때 모차르트의 클라리넷 협주곡 2악장 아다지오가 나왔고, 〈엘

비라 마디간〉의 주제곡은 모차르트 피아노 협주곡 21번의 2악장 안단테다. 22번의 2악장도 마찬가지로 아름답다. 〈불멸의 연인〉에서 극도의 비통함은 베토벤 피아노 협주곡 5번의 2악장 아다지오 운 포코 모소로 표현했다.

그럼 언제부터였을까. 내 곁에 있던 제2악장 음악들의 볼륨이 꺼져 있던 때는⋯.

현직에 있는 동안, 나는 언제나 해야 할 일이 많아 늘 바쁘게 빨리빨리 해치워야 했다. 걸음마저 그랬나 보다. 남편은 종종 내가 너무 빨리 걷는다면서 천천히 같이 걷자고 했다.

하지만 이제 내 걸음은 남편 걸음보다 느려졌다. 몸이 아픈 이후로는 모든 것이 느려졌다. 낮잠 자고 걷기 외에 따로 할 일이 없어져 버렸다. 시간은 느리게 흘러가고 바쁘게 할 일이 사라졌다. 이제 나를 되돌아보고 내 삶을 되돌아볼 일만 남아 있다. 나를 마주할 시간만 앞에 있는 것이다.

오랫동안 잘 이해되지 않던 '한가한 사람'의 시간이라는 글귀가 갑자기 마음에 와닿았다. 다시금 제2악장의 느리고 애절한 음악을 듣는 시간, 이제 주연이 아닌 조연이자 생활이라는 삶에 젖어 드는 시간이 된 것이다.

'시간과 마주 서 있어 본 사람'이 되어 가는 것이리라.

인생의 새옹지마, 몸이 아픈 것의 사회학적 의미

흔히 '음지가 양지 된다', '오히려 잘 되었다'는 말들은 새옹지마塞翁之馬, 전화위복轉禍爲福 등과 같이 쓰인다. 시간이 가면 달라지니 당장의 행불행에 일희일비一喜一悲 하지 말라는 뜻이 담겨 있다. 그렇다면 한 사람의 인생에서 또는 한 사회나 국가에 닥치는 수많은 일들은 어떻게 좋고 나쁨으로 나뉘는 걸까.

내가 좋아하는 사회학자인 울리히 벡은《위험사회》라는 책으로 유명해진 분이다. 나는 그의 위험사회 이론과 개인화 이론에 심취해서《위험사회와 성폭력》을 썼으며 논문도 여러 편 발표했다. 그는 말년에 '탈바꿈 Verwandlung 이론'을 주장했는데, 이것의 주된 내용은 앞서 예를 든 새옹지마와 뜻하는 바가 비슷하다.

벡에 따르면 좋은 것(예를 들어, 산업화와 같은 진보)은 나쁜 것을 낳고, 나쁜 것(예를 들어, 허리케인, 기후변화와 같은 재앙)은 좋은 것을 낳는다는 것이다. 한편에서 "더 성공적일수록, 더 많은 나쁜 것이 생산된다. 나쁜 것의 생산이 근대화 과정의 부수적 피해로서 간과되고 묵살될수록 나쁜 것은 더 커지고 더 강력해진다." 그런데 다른 편에서 세상의 탈바꿈은 "글로벌한 위험에 숨어 있는 해방적 부수 효과"라고 할 수 있다는 것이다. 즉 위험은 그 자체로 이미 또 다른 부수 효과를 시작하고 있으며, 이로써 탈바꿈은 부수 효과의 시대를 의미하기도 한다.

좋은 것은 부정적 부수 효과를 낳지만, 나쁜 것은 긍정적 부수 효과를 낳게 되는데, 벡은 이것을 '해방적 파국'이라고 했다. 긍정적이든 부정적이든 이들의 기존 요소는 약화되는 동시에 반대 국면으로 전환되는 것이라 할 수 있다. 그러면서 이들은 공통적으로 좋은 것의 규범적 지평을 생산해 낸다고 한다. 나는 이 탈바꿈 이론을 한국의 사회적 현상에 적용하고 분석하여 3편의 논문*을 쓰기도 했다.

그렇다면 이 탈바꿈 이론은 이상운동증후군이라는 특이한 병을 앓은 나에게 어떻게 적용해 볼 수 있을까. 내 의지와 상관없이 근육이 마구 떨리는 이 병은 '내 인생은 이제 끝장이구나.'라는 생각으로까지 내몰았던 극단의 충격이었다. 하지만 주위의 도움과 지지로 조금씩 일상생활을 회복해 나갔다. 그러면서 인생을 바라보는 눈이 바뀌게 되었다. 이제는 이전과는 다른 가치관을 지닌 새로운 인생을 추구하는 사람으로 탈바꿈했다

---

* 〈해방적 파국의 연구방법론 논쟁: 초국적 결혼의 경우〉(2015, 영문), 〈한국 '위안부 여성들'의 탈바꿈: 어떻게 한(恨)이 코스모폴리탄 도덕성으로 바뀌었나?〉(2017, 영문), 〈탈바꿈으로 본 오월 광주〉(2019, 한글) 등 3편이다.

고 할 수 있다.

과거의 나는 교수로서 강의하고 연구하는 것에 의미를 두고 살았다면, 이제는 조용히 산책하면서 유유자적 삶을 즐기는 사람으로 바뀌었다. 교수로서 나의 일은 좋은 것이었지만 이상운동증후군이라는 나쁜 병을 몰고 왔고, 나의 병은 나쁜 것이었지만 오히려 새로운 가치관, 새로운 인생이라는 좋은 결과를 가져왔다고 할 수 있다.

어떻게 보면 나의 병은 나에게 '해방적 파국'의 시작일 수 있다. 또 다른 나를 만들어 가는 탈바꿈 과정 그 자체일지도 모른다.

치유의 길에서 나를 만나다

내 마음은 다시 어린아이처럼, 소녀처럼 싱그러워졌다.

밖에 나와 이 길 저 길 걸으면서 나무를 보고, 꽃을 보고, 하늘을 보고, 구름을 보았다. 자연과 더불어 지내는 시간이 많아지면서 우울함이 사라지고, 마음이 즐거워지고, 명랑하게 된 것이다.

봄꽃들이 피기 시작하면 해마다 보는 것인데도 처음 보는 듯 신기하고 행복하다. 나뭇잎이 무성해진 여름의 나무들을 보면 나도 청춘인 것처럼 씩씩한 기운을 얻는다. 가을이 되어 단풍이 붉게 물들면 그 아름다움에 가슴이 벅차다. 눈이 오면 강아지처럼 뛰어나가 쌓인 눈 위를 뒹굴어도 신이 난다.

그뿐 아니다. 별것 아닌 일에도 호호 하하 깔깔거리고 웃음이 터진다. 어렸을 때 즐겨 읽었던, 노란 복수초를 보고 말을 거는 알프스의 소녀 하이디처럼, 만나는 나무와 길과 호수에 이름을 붙이고 다녔던 빨강 머리 앤처럼, 천방지축 뛰어다니는 《작은 아씨들》의 조처럼 말이다.

이런 것들은 이제껏 한 번도 느껴 보지도, 해 보지도 못했던 일들이다. 평생을 모범생으로, 교수로 살아와서 점잔 빼는 것이 몸에 배었다. 하지만 이제는 그런 것에서 조금 벗어난 것 같

다. 정년을 지난 지도 꽤 되어 사회 활동이 많이 줄었고, 병 때문에 사람들을 만나는 일이 뜸해졌다. 무엇보다 코로나19로 만남 자체가 현격히 줄었다. 한마디로 사회적 지위, 체면, 이런 것을 심각하게 따질 필요가 없어졌다.

그렇게 되고 나서야 깨닫게 되었다. 나는 그냥 나일 뿐이지 않은가. 뭘 그리 신경 쓸 일이 있을까. 나이가 무슨 상관인가. 자연을 가까이 할 수 있는 것, 내 발로 걸을 수 있는 자유와 평안, 누군가 옆에 있다는 것에 그저 감사하고, 즐겁고 행복한 마

음을 가지면 되는 것이다. 이렇게 나 자신을 조용히 내려놓게 되었다.

아마도 그래서 내 몸이 낫고 있는 것인지도 모른다. 어디 내 병이 약만으로, 운동만으로 나을 병이었던가. 몸이 아프면 마음이 아프고, 마음이 아프면 몸이 아픈 것이다. 내 병은 스트레스에서 온 것이라고 하지 않았던가. 이렇게 마음이 즐거워지니 몸도 자연히 낫게 된 것이리라.

생각해 보면 나는 항상 어떤 목표를 향해서 달려갔던 것 같다. 이제는 길 끝에 무엇이 있는지 모르지만 가는 여정 자체를 즐기게 된 것 같다.

나는 길마다 이름을 붙이고 거기에서 만난 나무, 꽃, 풀 등 자연에 말을 걸면서 새로운 힘을 얻었다. 기꺼이 길동무가 되어 준 남편과 가족, 요양보호사, 간병인 은영 씨는 그 모든 것을 가능하게 해 준 은총이었다.

내가 걸었던 길은 처음에는 아프고 힘겹고 슬펐지만, 이제는 더없이 따뜻하고 아름답다.

에필로그

나의 산티아고 길을 위하여

언젠가 제주도에 갔을 때였다. 함께 갔던 미국인 여교수가 불쑥 질문을 던졌다. 나 자신에게 힘을 주는 것은 무엇이냐고. 생각지도 못한 질문에 즉시 대답을 찾지 못했다. 내가 머뭇하는 사이, 그녀는 자신에게는 자연, 예술, 운동이 있다고 했다.

이제 와 생각하니 그 말이 무슨 뜻인지 알 것 같다. 나는 너무 바쁘게 사느라 이런 것들과 거의 접촉이 없었다. 아프고 나서야 비로소 나 역시 자연, 예술, 운동을 통해 힘을 얻는다는 것을 깨달았다. 나를 둘러싼 사랑하는 사람들은 두말할 것도 없다.

이상운동증후군에 걸려 나는 떨림, 강직, 마비 등 각종 특이한 증세로 고통을 겪었다. 급기야 일상생활까지 어려워지는 상황에 몰리다 보니 도대체 왜 이렇게 되었을까 하는 생각이 들었다. 그러면서 내 삶을 총체적으로 되돌아보게 되었다. 그동안 앞만 보고 달려오느라 뒤돌아볼 시간도, 여유도 없었던 내 삶을.

내 의지와 상관없이 근육이 마구 떨리는 이 병은 '내 인생은 이제 끝장이구나!'라는 생각으로까지 내몰았던 극단의 충격이었다. 하지만 주위의 도움과 지지로 조금씩 일상생활을 회복해 나갔다. 그러면서 인생을 바라보는 눈이 바뀌게 되었다. 이제는 이전과는 다른 가치관을 지닌 새로운 인생을 추구하는 사람으로 탈바꿈했다고 할 수 있다.

어머니가 돌아가셨을 때 나는 처음으로 내 삶에 울린 경종을 들었다. 당시에 '나는 지금까지 무엇을 하고 살았나. 집과 학교를 동동거리며 쫓아다녔을 뿐 학교에서도 집에서도 제대로 한 게 하나도 없다.'는 생각이 들었다. 부랴부랴 그동안 쓴 논문들을 모아 첫 책 《비판범죄론》을 출간하여 어머니께 헌정했다. 그저 황망하게 가신 어머니를 위해 무엇이라도 하고 싶었다.

이번에 또다시 정신이 번쩍 들었다. 몸이 아프고 마음이 아픈 고통의 시간을 통해 전환점을 찾고, 새로운 생각을 하게 된 것이다.

나의 새로운 삶은 단순하다. 시간이 나는 대로 바태 스튜디오에서 배운 운동을 하고 걷는 것이다. 하루에 두 번씩 은영 씨와 걷는다. 컨디션이 안 좋으면 안 좋은 대로, 좋으면 좋은 대로 걷는다. 어제도 걸었고, 내일도 걸을 것이다.

걷기를 통해 몸이 많이 좋아졌고, 스트레스를 많이 날려 버린 듯하다. 걷는 것이 이렇게 몸과 마음에 도움이 될 줄 예전에는 정말 몰랐다. 걸으면 여러 생각이 떠오르기도 하지만, 가끔은 아무 생각 없이 발걸음만 앞으로 나아갈 때도 있다.

가족의 관심과 보살핌, 주변의 자연과 환경, 적절한 운동, 산책의 즐거움, 그리고 아름다운 것들과의 만남. 이런 여러 요인이 내가 건강을 회복하고 마음을 편하게 하는 데 큰 힘을 주었다. 물론 이 길을 나와 함께 걸어 준 모든 사람에 대한 고마움은 이루 다 말할 수 없다.

되돌아보면, 나의 인생길은 겉으로는 순탄해 보이지만 실상은 스트레스의 연속이었던 것 같다. 공부를 하면서 결혼을 했고, 아이들을 낳았다. 가정을 챙기면서도 열심히 노력하여 교수가 되었다. 많은 사회 활동을 하고 세계 각지를 여행하며 인생의 전성기를 누리는 것 같았다.

하지만 그 과정에서 알게 모르게 여러 힘든 일로 스트레스를 받았다. 당시에 참고 묻어 두었던 일들이 얼마나 큰 스트레스로 남았는지도 몰랐다. 그런 것들이 쌓여서 이상운동증후군으로 터져 나왔을 것이다.

나는 그동안 몸과 마음을 쏟아부은 것들이 정말 그렇게 중요한 것이었는지 회의가 들었다. 무엇을 위해 그토록 열심히 공부하고 연구하고 강의하며 살아왔던가. 몸이 아파 강제로 모든 것을 내려놓으니 이제야 보이지 않던 것이 보이기 시작했다.

우선 아프기 전에는 보이지 않았던 꽃과 나무들이 눈에 들어왔다. 아파트 정원의 자연은 말할 수 없는 즐거움과 힐링을 주었다. 미처 보지 못했던 것을 보게 해 주었고, 지나쳐 버렸던 아름다움을 느끼게 해 주었고, 덮어 버리려 애썼던 내 몸과 마음의 아픔을 위로해 주었다.

무엇보다, 당연하게 여기던 것들이 실은 얼마나 소중한 것인지를 깨닫게 해 주었다. 친구의 소중함도 새삼 깨닫게 되었다. 친구들의 말 한마디가 나에게 더없이 큰 위로를 주었기 때문이다. 덕분에 나도 그렇게 해야겠다는 작은 다짐도 세웠다.

아쉽게도 요즈음에는 조금 기운이 빠지는 것 같다. 몇 년간의 투병과 반복적인 생활 탓일까. 자연을 보아도 이전만큼 새롭거나 마음이 즐겁지 않고 자꾸만 가라앉는다. 코로나19가 장기화되어서 그런 것인지, 항우울제가 더 이상 효능을 잃어버려서 그런 것인지 모르겠다. 혹시 아무것도 하지 않고 세월을 보내는 것을 무의미하게 느껴서일까?

친구들은 첫 번째 쓰러질 때는 회복할 수 있지만 두 번째 쓰러지면 회복하기 어려우니 아무것도 하려고 하지 말라고 한다.

하지만 내 마음은 무겁다.

걸으면서 자연과 꽃을 즐기게 되었지만, 이것이 혹시 병을 핑계로 무언가를 회피하려고 한 것은 아닐까 하는 생각이 들었다. 이 병에서 회복하면 무엇을 할 수 있을까, 내가 진정 원하는 것은 무엇일까 하는 생각도 들었다. 생각이 많아졌다.

"때로 푹 쉬어라. 한 해 놀린 밭에서 풍성한 수확이 나는 법." 이라는 말도 있지 않은가. 사실 아프면서 충분히 쉬었다는 생각을 한다. 가만 보면 아직 내 마음속에는 작은 불씨가 꺼지지 않고 남아 있는 것 같다. 사회학자로서의 삶 말이다. 한번 사회학자는 영원히 사회학자인가 보다. 나는 특히 코로나19 팬데믹으로 사회가 급변하고 인간관계가 비대면으로 이루어지는 이 시대를 포착해 보고 싶다. 그렇지 않아도 심각한 개인화가 더욱 가속되는 현실을 볼 때 사회학자로서 연구해야 할 과제가 더 많다는 생각이 든다.

한편으로는 이제 사회학자로시의 삶을 내려놓아야 한다는 생각도 든다. 그러면서도 건강해지면 수필이든 학문적 글이든 정말 훌륭한 책을 써야겠다는 생각이 꿈틀거린다. 그렇게 고생을 하고도 욕심을 버리지 못하고 있는가 하는 생각도 들지만, 어쩌면 공부한 사람으로서 당연한 욕심이 아닌가.

"우리의 탐험이 끝나는 때는 시작이 어딘지 알아내는 순간이다."라고 영국 시인 T. S. 엘리엇이 말했다. 대학 입학시험 면접관이었던 송욱 교수님이 왜 영문학과에 지원했는지 물었을 때, 나는 세계 5개 국어를 배워 기자가 되어 세계를 여행하고, 그 경험을 토대로 소설을 쓰고 싶다고 자신 있게 대답했다. 이제 먼 길을 돌아 나의 시작이 어디였는지 알아낸 것일까. 아니면 새로운 탐험의 시작일까.

걷기는 계속할 것이다. 내 마음속의 우울과 욕심을 다스리기 위해서이다. 그러다 몸이 좀 더 튼튼해지면, 코로나 시대가 극복되고 나면, 지구 반대편의 진짜 산티아고 길 순례에 도전할 생각이다.

나의 산티아고 길을 찾고, 진정한 자아를 찾는 길…. 그것이 글쓰기든, 봉사든, 걷기를 통해서 꿈을 이룰 수 있을 것이다.

그런 꿈이 있기에 힘들지만, 오늘도 나는 걷는다.